株式会社ポケットマルシェ 代表取締役CEO
『東北食べる通信』創刊編集長
高橋博之
Hiroyuki Takahashi

株式会社eumo 代表取締役
鎌倉投信株式会社 ファウンダー
新井和宏
Kazuhiro Arai

共感資本社会を生きる

共感が「お金」になる時代の新しい生き方

ダイヤモンド社

はじめに

なぜいま「共感資本社会」を目指すのか

新井和宏

社会課題の本質とは、何だと思いますか？

貧困、待機児童、教育格差、働き方、高齢化、都市化、食の安全性、環境問題など、日本には、そして世界にはさまざまな社会課題があります。

それらに共通する根本的な問題とは、何でしょうか？

私は、**「選択」ができないこと**にあると思っています。

たとえば待機児童の問題であれば、「子どもを保育園に預けたくても預けられない」、すなわち「保育園に預ける」という選択肢が奪われていることに問題の本質があります。

また、食の安全性の問題であれば、「本当は多少不格好でも無農薬で安心安全な野菜をつくりたいけど、いまの市場には流通させられない」、すなわち「安心安全な野菜をつくる」という選択肢が目の前にないことこそ、問題の本質ではないかと思っています。

では、選択ができる社会であるためには、どのような条件を満たせばよいのか。

それは、ひとつは、上述の例からもわかるとおり**「①選択肢がある」**ということであり、そしてもうひとつが、**「②選択できる環境や能力がある」**ということ。

待機児童の問題で言えば、①も②も満たされていませんし、食の安全性の例では、もし②の能力はあったとしても、マーケットの圧力によって①の選択肢が奪われているとしたら、やはりそこに課題の本質はあると思います。

逆に言えば、食にまつわる課題を根本から解くには、「選択肢」の問題を解決することなしには、不可能だと言えます（このテーマは、ポケットマルシェや『東北食べる通信』を通して、生産者と消費者の双方に選択肢を提供してきた高橋博之さんと本書の中で議論し、私自身学ぶことが多々ありました。Part2をお楽しみに）。

社会に選択肢がある。このことを言い換えると、**多様性がある（多様な選択肢がある）社会にしていく必要がある**、ということに行き着きます。

＝＝＝

なぜこのような考え方に至ったのか。それは、前職である、元同僚と創業した鎌倉投信株式会社（以下、鎌倉投信）で過ごした10年間で、私が「いい会社」とたくさん出会ってきたことが背景としてあります。

鎌倉投信とは、「いい会社」にだけ投資して組成した投資信託「結い 2101」を運用する会社です。

「いい会社」とは、これからの社会にほんとうに必要とされる会社、もっと言えば、その存在を思わず応援したくなるような会社のことを指しています。

鎌倉投信でファンドマネージャーとして活動した10年間、私はいい会社を探すため、日本全国のたくさんの会社を訪問し、経営者だけでなくそこで働く方、そしてお客さまとも対話してきました。

そしてその中で、もはや社会のほうが解決を諦めてしまったかのような課題に対しても、事業として真摯に取り組み、「選択肢」を社会に提供しようとする会社を、たくさん見ることができたのです。

例を挙げましょう。

ここ数年、人生100年時代、働き方改革、複業解禁と、日本でもようやく「働き方」という課題に対して、新しい選択肢が生まれ（①）、そして多様な選択肢から選んでよいという環境に変わってきました（②）。

ですが、世の潮流がこうなる前から、いい会社は、「働き方」という課題に対して多様な選択肢を社会に提供していました。

たとえば、メールやスケジュール管理、掲示板等の機能をひとつのソフトで提供できるグループウェアの開発・販売を行う、**サイボウズ株式会社**。社長の青野慶久さんが育児休暇を率先して取得して話題になるなど、ライフスタイルの変化に合わせて働き方を自由に選択できる会社としても知られています。中には、**別の会社で働くこともできる「複業」**というものも。私自身、この「複業」という考え方に触れたときは、本当に衝撃を受けました。

またたとえば、食品トレイを製造、リサイクルする**株式会社エフピコ**。この会社は、日本全国の工場で知的障害者を350人以上雇用しているのですが、障害者雇用を自社の「戦略」だといいます。エフピコで障害者雇用を推進する特例子会社の且田久雄さんが言うには、「仕事の能力と私生活の能力は別。私生活がろくにできなくても、仕事はできる」。事実、工場を見学すれば、どなたが健常者で、どなたが障害者なのか、まったくわかりません。**障害者が主戦力として働ける場をつくった**エフピコを思うと、いまでも鳥肌が立ちます。

働き方だけを切り取ってみても、これだけ多様で豊かな事例がわんさか出てきます。

そして、すべてに共通するのは、「選択肢がある状態にすること（①）」、そして「選択できる環境を整え、またその能力を培うこと（②）」だったのです。

＝＝＝

いい会社を通して、選択肢がある、多様性があることが、世の中にインパクトをもたらす事例を数多く見てきた私ですが、どうしても多様性の影響が及ばない、つまりずっと一様のままのものがあることが気になっていました。実は、いよいよそこから目をそらせなくなってきたということもあって、新しい会社ｅｕｍｏ（ユーモ）を立ち上げたほどです。

それは、**「お金」**です。

ここで、「ちょっと待て」と思われるかもしれません。なぜなら、「お金」は、価値を測るメジャーメント（物差し）であり、多様になったら混乱する、と考えられるものですから。

ですが私は、ここにこそ、大きな社会課題の縮図を見ています。

日本人は、単一のメジャーメントで測られることに慣れすぎています。会社に入れば「売上、利益、ROE（自己資本利益率）」、国で見れば「GDP」。個人の価値も、「年収〇〇万円」と簡単に表現される。

すべてが、数字。お金でしか測っていない。

もちろん、単一のメジャーメントを採用することにより、競争が促され、結果として経済成長をもたらしてきました。

ですが、いまでは副作用のほうが、大きくなってきてしまった。富の偏在が生まれ、環境は破壊される。もちろんその影響は個人にも及びます。なぜなら、競争すれば負ける人がいるのは当たり前で、勝てないゲームは楽しいわけがなく、負けつづけると疲弊していくのですから。そして、**幸せや心の豊かさを感じられずにストレスで病んでしまう――気づけば、自殺という選択肢への一本道に追い込まれてしまう。**

そんな社会でいいわけがない、どうすれば競争社会から共創社会へと移行していけるのか、と考え抜いてたどり着いたのが、**多様なメジャーメントを持つこと（つまり、測り方の選択肢を持つこと＝①）と、「お金」の多様性が認められるような環境があればいい（＝②）**、だったのです。

前者（①）に関して言えば、すでにその萌芽は社会に現れはじめていて、ＥＳＧ投資やＳＲＯＩ（社会的投資収益率）などが、多様なメジャーメントの模索例といえます。これらは、数字では表現できない人的資本や社会関係資本などを少しでも織り込もうとしているチャレンジでもあります。

そして後者（②）こそが、私が新しく立ち上げた会社ｅｕｍｏでやりたいことに他なりません。法定通貨がひとつのメジャーメント（価値尺度）として基準になっているけど、このままでは数字（金額）で表現できないものが排除されてしまう。**この排除の論理こそが、さまざまな社会課題を生んでいるのならば、数値（金額）で表現できないものを受け入れるお金をつくれば解決するはずだ**、と思ったのです。

「共感を数値にするさまざまなメジャーメント（物差し）を持ったときに、社会はどんな姿になるだろうか？」

「共感でコミュニティ通貨が循環するような社会システムをデザインしたらどうなるだろうか？」

こうした問いを出発点にして、いま、新しい共感コミュニティ通貨ｅｕｍｏの実証実験を行っています。

私の挑戦を通して、お金に多様性があっていい、と理解してもらえたとき、世界には色とりどりの価値基準が生まれると信じています。

つまり、ｅｕｍｏが決めた価値基準だけではなくて、**それぞれの個人やコミュニティが大切にしたい価値基準を大切にできる仕組みや社会ができた姿こそが、「共感資本社会」**です。

誰かが決めた基準にいやいや収まるのではなく、自ら主体的に自分が生きていくうえでの価値尺度を決められる。

そんな社会になると思うと、ワクワクしませんか？

ポケットマルシェCEOで『東北食べる通信』創刊編集長の高橋さんは、「食」の生産者と消費者、地方と都市をつなぐことで互いに共感を育み、新しいマーケットをつくりつづけている方です。彼の取り組みは、まさに食に関するさまざまな選択肢を用意することに他なりません。

お金と食。金融と一次産業。一見まったくちがうバックボーンのふたりですが、それぞれの立場から見ている景色をぶつけ合った結果、共感資本社会が目指す社会像を浮き彫りにしただけではなく、**これから私たちがどう生きていけばいいのか、**という深い、深いところまでたどり着きました。

これから生きていく社会は、自分で選べる。

誰かの基準で生きるのではなく、選択肢を持っているのは、自分だと自覚する。

ぜひ、私たちと一緒にワクワクする社会をつくっていきましょう。

株式会社ｅｕｍｏ代表取締役　新井和宏

共感資本社会を生きる

目次

目次

Part 2

新しい「市場」と、新しいつながり

――地方と都市、つくり手と使い手の交わりから生まれるこれからの〝マーケット〟 117

Part 1

新しい「お金」と、新しい生き方

共感、人間関係、人との出会いを価値に変える
これからの“マネー”

現在、株式会社 eumo（ユーモ）の代表として、「新しいお金」をつくろうと精力的に活動している新井和宏さん。外資系金融機関で金融工学を駆使して資産運用にあたるも、リーマンショックと自身の病を機に金融のあり方に疑問を持ち、鎌倉投信株式会社の立ち上げに参画。ファンドマネージャーとして「いい会社」に投資して利をあげる投資信託「結い 2101」を日本屈指の国内型投信に育て上げたという異色のキャリアの持ち主だ。

Part 1では、そんな新井さんに、高橋博之さんが「お金」について聞いていく。意外にも、お金を通した議論から見えてきたのは、幸せとは、働くとは、いまを生きる意味とは――私たち個々人のこれからの「生き方」だった。

（於　株式会社 eumo 東京オフィス）

お金ってなんだろう？

高橋　昔、何かの世論調査で見たんですが、「お金がすべてだ」という設問に「ノー」と答えた人が一番多かった県は、岩手県[*1]なんです。

新井　へぇ！

高橋　お金を卑しいと思う風土っていうのは、やっぱりまだあるんですよね。厳しい自然環境なので、昔は冬をどう迎えるかというのは死活問題だったんです。他にも戦後、乳幼児死亡率が一番高かったのはやっぱり岩手県なんです。それは農家のお嫁さんが昼間野良仕事をして帰ってきてから家の仕事をして、お乳をあげながら寝てしまって窒息死させてたと。

＊1　高橋博之さんは岩手県花巻市出身で、かつては岩手県議会議員を2期務めた。

疲れ切って。なので、みんなで力を合わせて自然と向き合って生きるっていう「相互扶助」っていうのはものすごく強い地域だったんです。ひとりだけ飛びぬけて儲かるとか、お金のためにっていうのがものすごく卑しいみたいな気分がまだ残っている土地。そこで僕も生まれ育った。

新井 僕が最初にお金を意識させられたのは、就職が決まって、それまで勤めていた監査法人[*2]の代表に「監査法人は大学時代で終えて大企業に入ります」と宣言したとき。金融機関に入ると聞いた代表から、宿題を出されたんです。**「お金とは何か」**って。

鎌倉投信を始めたとき、16年ぶりぐらいに会いに行ったら、「おまえ、宿題わかったか」って言われたんだよね。「お金とは何か、わかったか」。すっかりその宿題のことを忘れていて、「あ、そんなこと言ってましたっけ」って、ドキッとしたんです。

それでずっと考えるようになって。「お金ってなんだろうか」。ただ当時の僕は、病気になって外資系の金融機関を辞めた後。「僕はもうお金とつき合うのがいやになったんですよ」って答えた。そしたら、「おまえはまだお金のことがわかってない」と返されてしまった。

お金については、いろんな言い方をする人たちがいる。たとえば、「お金は無表情である」「お金によいも悪いもない」「お金は使う人次第である」……。確かに納得できる部分もある。でも、僕はもっと根本的なところで引っかかっているんです。

それはいまの社会システムが、何でもお金で解決しすぎるというところで、その結果として多くの人がお金に依存してしまっている。社会全体が「お金依存症」になっているのではないか、と強く感じています。

言い換えれば、お金で解決する領域を増やしてしまっているということ。昔はお金で解決していなかったことを――お金で解決しないほうがいいことも――、お金で解決するということが増えてきたなと。そういう印象が強くて、それでいいんだろうかっていう疑問が湧いてきたんですね。それについてどう思います？

高橋　僕は田舎から出てきたので、いまは対比できるんです。

田舎って自然が近いので、まず自然との関わりは無視できない。

＊2
新井和宏さんは、東京理科大学の夜学（第二部）に通い、昼間に監査法人で働いていた。

うちは川の近くにあったので、大雨が降ると増水していつも家が浸水するんですよね。そうするとうちの親父は、近所にいるひとり暮らしの親戚のおばあさんを助けに行くわけです。自然との関わり以外にも、地域社会の中の他人との関わり、その他人の集合体であるコミュニティとの関わり。そういう関わりの中でみんな生きているわけですよ。そうすると結局、自然も他人もコミュニティも自分の思い通りにならないので、関わるのが面倒だと思うようになる。

で、関わるのが面倒だっていって都会に出ていくと、確かに自然もないし近所づきあいもないし、コミュニティだって無視していいわけで、「ああ、自由だ」となる。

ところが、人間はひとりでは生きていけない。**だから、その関わりの代わりに何かを使うようになる。それが何かっていうと、やっぱりお金。**自分が生きていくために必要な衣食住も、もはやすべてお金で買う。家で困ったことがあれば、すぐにサービスを使って業者を呼んで解決してもらうっていう。地域で困ったことがあれば、すぐに役所に電話して解決してもらう。みんなそういうふうにしていったわけじゃないですか。

問題は、**人っていうのは関わりの中からいろんなことを学ぶ生き物だ**ということ。田舎だと、自然との関わりから学ぶこともあるし、地域に伝わってきた先人たちが自然とどう向き合ってきたかっていう知恵や技っていうのも関わりの中から学んでいく。

ところが都会っていうのは基本的にお金との関わり、会社との関わり、消費社会との関わりなので、そこから入ってくる学びっていうのは合理的な生産性といったものしかないんですよね。従って、それが絶対基準になる。なので、僕は**都会の関わりっていうのはツルツルした合理的な人間関係になりがちだ**と思う。損得勘定。

みんな田舎の関わりがいやで都会に出てきたんだけど、一方で都会はなんかツルツルツルツルしていて、すごく楽で快適だけど、心の安らぎ、生きる実感、生きるリアリティみたいなものを感じられないっていう。そしてその合理的な考え方が自分自身をも最後は苦しめていくという。そういう感じはしますよね。**こうした息苦しさを助長しているのがお金。**いまや人間関係すら消費財になっている。

お金は社会を豊かにしているのか？

新井　たとえば、いまは「タピオカブーム」がきていて、販売店がガンガンできているわけです。でもブームが過ぎていけば、また倒産する会社が出てくる。

高橋　まさに〝消費〟ですよね。

新井　さんざんおいしいお店や新しい食べ物で消費をあおっておいて、今度は「メタボになるからジムに通え」とくるわけですよ。お金においても、「君たち、老後は不安だからとりあえず保険は入らなければならない。投資もしなさい」とくる。ここにあるのは、そうしないと食べていけない、うまくいかないっていう構図。もはや誰のためにやっているのかもよくわからない、**ただ消費を生みつづけるためだけの構図**です。

でも、「それって本当にお金で解決しなきゃいけなかったんでしたっけ？」というのを確認しなくちゃならない。

みんな「社会の豊かさ」って言うけど、極端にお金に依存させるような構図がつくられていて、僕には社会がお金依存症になっているようにしか見えない。そういう構図をつくればつくるほど、人は消費をしてくれたりお金を回してくれたりするので、みんなそれをやろうとする。

僕は、これっていい循環なんだろうか、社会を豊かにしているんだろうかっていうのを思っちゃうんだよね。その流れはいったいどこに行きつくんだろうかと考えていくと、多くの人は幸せにならないような気がしてならない。しかもみんなそのことに薄々気づいている。つまらなくて寂しくて孤独で、生きている意味っていったい何なんだろうって考えてしまう社会は、残念な結果を生んでしまう。

僕はお金が生んだ副作用は、確実にあると思っています。ただし、お金がすべて悪いっていうわけじゃない。いつも思うのは、**お金を目的化するからいけないんだ**ということ。**手段であればよかったにもかかわらず、お金が目的になるとろくな社会がで**

きないっていうのはよく思うんだよね。どうも、いまのお金はそっちに向かっているように感じます。人々の会話を聞いていても、お金が目的化しているような気がしてしようがないんです。

高橋 失われた20年だとずっと言われてきましたけど、それを声高に言ってきたのは、お金を目的化してバブル経済で踊ったおとなたちで、20代前半の若い人たちの感覚としては、失われた20年とともに生まれ育っているので、何も失っていないんですよね。

新井 最初からそうだった。

高橋 そう。僕らからすると失われた状態だけど、ひとりっこで、衣食住足りて、箸の上げ下げまでしてもらうような感覚で大事に育てられている世代の子たちは失っていないどころか、最初から満たされていて、社会をすごくフラットに見てるなと思っている。お金に関しても、いまのおとなを見ているから「こういうふうになりたくないな」と。

僕、1974年生まれですけど、高度経済成長期が終わった頃なんですよ。まさに、家でも学校でも端的に言えば幸せの意味なんていうことを考えさせられる場もなく、とにかく勉強していい会社に勤めて安定的な給料をもらうのが幸せな人生なんだってすり込まれて育った。お金中心だった高度経済成長期の波しぶきを僕ももろに食らったので、何の疑いもなく都会に出てきたんですよね。

でもいまの若い子たちはその波しぶきなんて受けていないので、おとなたちが長い人生60年70年生きてきてやってきたことっていったら、ローンを払ってきただけにしか見えなくて、結局そのおとなたちは幸せなのかと思うわけです。家庭を顧みることもなく仕事に没頭し、気づけば子どもも育って家を出ていき、友だちもいなくて引退後は何をして過ごせばいいかわからず途方に暮れ、**結局消費をするためのお金を稼ぐために時間を使ってきただけ**、という。若い子たちは「こんなふうになりたくない」って思っていると、実際に話していると感じるんですよね。お金に縛られずに「いま」を楽しく生きたいと。

「決済」という言葉には、お金の性質がすべて表れている

新井　若い世代は、「こんな社会システムでよくおとなたちは生きているな」って思ってるのかもしれないよね。**お金って、「決済」という言葉にも表れているとおり、関係性を切るっていう行為が得意なんだよね。**お金の切れ目は縁の切れ目というけど、まさしくそのとおりの性質を持っていて。だから、**お金は「分断」する。**

だってお金で解決っていうことができるから、解決するまでは関係性が続くんだけど、お金で解決しちゃうとその瞬間に関係性は全部なくなってしまう。

もうひとつは、**お金そのものには「色」がない**けど、それはつまり、悪いことをしようと何をしようと、同じお金でしか測れないという性質を持っている。だから、単純な話、すべては大小で決まる。**お金の大小で全部測れているように思い込ませるような性質がある。**人間はお金で測れないことのほうが大事だと言いながら、すべて

「これだといくらぐらいになるんだろう」って考えている。これはいったい何なんだろうな、とよく思う。

このふたつが、僕がお金ってこれでいいんだろうかっていうふうに思ってしまう大きなポイントなんだよね。

高橋　**お金で測れないものは大事だって言いながら、お金で測れないものは切り捨ててきましたからね。**

新井　そう。価値にならないって言ってね。お金で測れるものが価値であるみたいな、そういう風潮っていうのは違うよなっていうふうに思うわけですよ。だってよくよく考えたら、お金で測れないものなんか山ほどあって、大切なものはそっちにたくさんあるとみんな思っている。全国でお金の教室を開いていますが、一番大事にしたいことや自分を幸せにしてくれるものはなんだって聞いたら、ほとんどの人はお金で買えないものばっかり答える。

にもかかわらず、経済っていった瞬間、お金に換算できないものは価値がないみたいな論調になる。それがいまのお金の限界じゃないかな。限界がすごく低いところにあって、それを若い人たちに見透かされているような感覚があります。「おじさん、おばさん、どうしてそんなにシャカリキになって、お金を獲得しようとしてるの？」みたいなね。

GDPは、もはや豊かさを測れない

高橋　新井さんの著書『持続可能な資本主義』に書いてありましたが、GDPは、いま社会の豊かさを測る物差しとは言えなくなってきているじゃないですか。[*3] あれはアメリカが世界恐慌のときに、どれだけこの国は物をつくる余力があるのかっていうのを研究させて――物不足の時代ですから――、それがやがて豊かさを測る指標になっていったと。

でもそれは物不足の時代につくられたものです。これだけ物が余っている現代に、引き続きその尺度を社会に当てはめている。そうすると、さっき新井さんがおっしゃったみたいに、いろんなものを食べさせて、ジムに通わせて、となる。しかも、病人が増えれば増えるほどGDPは拡大する。犯罪率が増えれば増えるほどGDPは拡大する。こうなってしまっては、**GDPはもはや社会の豊かさを適切に測れていない**ですよね。それでもいまだにその物差ししかない。だから、個人の暮らしにおいても「いくら稼ぐか」というのが、暗黙の了解としてあって、「お金を持っているほうが豊かだ」なんて思考停止がずっと続いてしまう。

僕、お金の話になるといつも、幸せの話をするんですよね。**これだけ豊かになって日本がかつてより幸せになったか**、とか。でもそういう話をすると、すぐに「牧歌的だ」っていう批判をされるんですよ。「儲かってから言え」とかね。**でも、僕はその批判する人たちってある種の怖さを感じているんだろうなと思っています**。結局その指標の中で一生懸命に人生を生きてきて、ある程度その指標の

＊3
『持続可能な資本主義』（新井和宏、ディスカヴァー・トゥエンティワン2017年）196ページ「経済成長は持続可能なのか？」参照。新井さんは、ここで経済成長は至上命令なのかを問い、「GDPというフローを表す指標を、ストックを表す指標に切り替えていく」ことを提唱している。

中で勝ち組でいる人たちにとって、その物差し自体をひっくり返すっていうことは、その人の人生そのものを……。

新井 否定することだからね。

高橋 だからそう批判したくなるのもわかるんですよね。

新井 僕は、外資系の金融機関とかでお金の運用をしていた、つまり、ずっとお金に関わってきたんです。金融的束縛からお客様を解放するんだと。要はお金を増やせば増やすほど、お客様は自由を得ることができるんだと。

その当時、僕はそれが正しいと本気で思っていた。要はお金が少ないから自由になれない、お金が増えればその人が選択する自由が増えていくっていうふうに思っていたんだけど、**人っていうのは、お金が増えれば増えるほど、もっと増やしたくなるだけなんだよね。**

高橋　まだ足りない。

新井　まだまだ足りない、もっともっともっとっていうだけで。そこに出口がないことに気づいたんだよね。要はゴールがないんだよ。どこまで行ってもない。これって成長の議論と一緒で、GDPを成長させつづけるっていうことなんて、不可能ですよねと。つまり、**地球は1個しかないにもかかわらず、永遠に成長しつづけるGDPっていうのはあり得ない**。あり得ない議論をまことしやかにやりつづけていて、そこは子どもたちからしたら「あんたたち、ばかじゃないの」っていうふうに見えると思う。

でも、それでしか生きてこなかったんですよ、自分も含めて、これまでのおじさん、おばさんたちは。それでよかったんだよね、これまでは。なぜかっていうと、環境問題も言われていなかったし、限界があるとも思っていなかったし、行けるところまで行きたいって思っていたし。でも現実問題として、このままエネルギーを使いながらやりつづけていくことは持続可能じゃない、とみんなわかってきた。

ただ、わかってきたんだけれども、いまだに修正しない。結局自分たちがやってきたことを是としておかないと、自分たちの人生を否定することになっちゃうから、否定するのが怖い。否定されるのも怖い。だから、この延長線上でなんとかできないだろうかと考える。結局誰も現実を直視せず、とりあえず自分が生きている間はそれでいいと。

僕は問題の本質から目をそらしちゃいけないなっていうふうに思っていて、もう一回問いたい。**豊かさっていったい何なんだろうか。お金ってそもそも何だったんだろうか。**何かそこに、どうも間違ってしまった理由があるような気がしているんです。増えつづけることが不自然なものを増やしつづけるという行為が、まことしやかに行われていて、それを巻き戻すことができない社会や経済の仕組みをつくり上げてしまった。

ここまで行ったんだから、もう元には戻れませんよね、なんていう同調圧力がものすごく働いているのがいまの世界経済。

でも、ちょっと待ってよと。自分たち、なんで生きてたんでしたっけ。何のために生きてたんでしたっけ。みんな幸せになるために生きてたんですよね。ずっとそんなに走りつづけなきゃいけなかったんでしたっけ。走りつづけることによってどう豊かになったんでしたっけ。そう問い直していったときに、全員が全員とは言わないけど、みんな幸せそうじゃないこの状況は何なのか。

ショックなのは、日本人の10歳から39歳までの各年代の死因の第1位が自殺[*4]っていうことですよ。これはとてもじゃないけど先進国の幸せな国の像とは思えない。じゃあ、この仕組みって本当に一番よかったのかっていうのは、おとなである自分たちがもう一度見つめ直して、真剣に議論しないといけないことだと思ったんだよね。そこから逃げて、自分だけ都合がよければいいというのは、ちょっと違うなと。

そもそも間違っているのは、お金の「定義」

高橋　いまのお金についての議論って、金融の世界にいなかった僕とか社会活動をしている人とかのほうがわりとするんですよ。でも、や

＊4
厚生労働省『令和元年版自殺対策白書』9ページ「第1-7表 平成29年における死因順位別にみた年齢階級・性別死亡数・死亡率・構成割合」より。
https://www.mhlw.go.jp/wp/hakusyo/jisatsu/19/index.html

っぱり「儲かってから言え」と言われちゃう。「その世界に入ってから言え」と。ただ新井さんはもろに金融の権化みたいなところにいて、そこで経験を積み、実力をつけ、階段を上がっていったわけじゃないですか。まさにそのことをみんな否定できないがために問題の本質に目を向けようとしない、見て見ないふりをする。だけど新井さんはその本質にちゃんと目を向けて、「ちょっとおかしいんじゃないか」っていって、自分の過去にすらも疑問を呈して、「お金ってなんだっけ」と言っている。

これってすごい転換、気づきだったと思うんですけど、その直接的なきっかけっていうのは何かあったんですか？

新井 ひとつは病気になったこと。僕はある意味で、自分のことは敗者だと思っています。**病気になるまでは、24時間世界中のお金を操っている、みたいな感じでした**。本当に。だけど、病気になって、「なんで病気になったんだろう」と考えるようになるわけです。

もうひとつは、僕はもともと貧乏だったから、貧乏に戻ることに恐怖はなかった。たぶん、すでに持っている人たちは恐怖、恐れしかないと思うんだ。自分は裸でも別に平気だっていうふうに思っているから、そこは違うんじゃないかな。

3つめは、僕が学生時代に働いていた監査法人がすごくよかったというのはある。普通じゃなかったから。

高橋 「お金とは何か」なんて宿題を出されるぐらいですもんね。

新井 もう普通の監査法人じゃない。カッコいいのは、彼らがいろんな雑誌に、「美しい財務諸表」とか書いているんです。美しい財務諸表って、普通に考えればわけがわからない。

でも、僕が素敵だなと思っているのは、引当金の話。引当金っていうのは税務上のメリットがあるから引き当てるものだと思っていたけど、そこの監査法人はこんなふうに言うわけです。「本質を考える必要がある。財務諸表は自分の経営の想いの現れだから、経営上大切にしたいものであれば引当金は引き当てることができる。その代わりに税務メリットがあるような損金参入はできないだけなんだ。でもそれを表現するのが経営だからね」。カッコいいよね。

高橋　カッコいいですね。ヤバいです。

新井　ヤバいでしょ。ちょっと待てよと立ち止まって、お金の本質とか金融の本質っていったい何なんだろうかと考える力は、その監査法人がつけてくれた。

考えていった結果、**僕はお金の定義が悪いんじゃないか**と思った。

鎌倉投信時代からずっとソーシャルベンチャーという言葉の違和感がいつもたまらなかった。待てよと。ソーシャルベンチャーを支えてきたけど、**そもそも会社っていうのは社会のためにあるのであって、ソーシャルベンチャーなどという名前をつけなきゃいけないのはおかしいだろうと**。そもそもみんな社会のためにがんばっているんだから、社会のために必要とされない会社なんて残るわけがないって、まっとうな経営者たちは思うだろうと。

何が悪いんだろうって思っていたら、**「あ、そもそもお金の定義が悪いんだ」**と気づいた。お金になる行為をビジネス、お金にならない行為をボランティアっていうんだよという人がいる。でもちょっと待てよ。これがおかしいんじゃないか。**社会のためになることがお金になって、社会のためにならないことがお金にならないほうが正しいだろう**と思って。

高橋 確かに。

新井 なんでお金はそういうふうに定義できないんだろうかって思ったわけ。

高橋 本当だな。

新井 だっておかしいじゃない。僕は**子どもの目線**で見てるわけよ。子どもから見てそういうふうに思うじゃん。だって社会のためにがんばってくれるんだったらお金になればいいし、社会のためにならないんだったら……。

高橋　**いまは社会のためにならないことがお金になり、社会のためになることはボランティア。**

新井　そう。これって、おかしいじゃない。

高橋　あれ、なんでこうなってんだ……？

新井　そこで、お金の定義が悪いんだって思ったんだよ。**だったら、お金の定義を変えればいいことじゃないか。**お金ってそもそも幻想であって、あったら便利だよねってみんな思っている。じゃあなんで便利かっていったら、物と物を交換するときにお金を介在させたほうが便利だから。それなら、お金はあったほうがいいね、というくらいのものだったはずで、その範疇《はんちゅう》だったらよかったんだよ。それを越えてしまった。

なかでも、**貯められるのがよくないんじゃないか。**貯める行為が悪いんじゃない。**貯められると、その貯める行為を「目的」化するんだよ、人は。お金は「手段」だっ**

たはずなのに。

高橋　なるほど……。なんかわかってきた。衣食住が足りず、短命で、みんな生きることに必死だったときは、ある程度幸せに生きるためにはいろいろな物が生活に必要だし、それを手早く手に入れるために使われたお金は、そのときはあくまで交換の手段だった。ところが衣食住も満ち足り、もはやそんなに物が必要ではないにもかかわらず、さらにお金を貯めて、もっといい物を買おうとしている。手段から目的になってしまった。

新井　そう。

高橋　確かにそうだな。

すべてはお金を「目的」にするから狂いだす

新井　いま消費っていってもたかが知れてるじゃない？　だってもう物は満ちている状態だから。その状況のなかで、みんな「買え、買え」と言うわけでしょう。経済を回すために。

高橋　もはやいまって買い替え需要しかないですよね。

新井　そうそう。それって、そのお金を循環させても、環境破壊を生んだり無駄な物をつくりつづけたりっていう行為になってしまう。もちろん豊かにならないし、幸せにならない構図なわけです。だから、**お金を目的化してしまうっていう行為が存在してしまうと、社会って悪い方向に行く**っていうのがよくわかるでしょ。

それ以外にも、お金は価値尺度になるっていう機能がある。確かに、目の前のものが1万円だとわかることはすごくいいことなんだけど、本当にそれはいいことなんだっけっていう疑問がよぎるわけです。この点は、改めて議論したい。[*5] なぜかっていうと、市場メカニズムっていうのがそこに入ってくるから。

要は価値尺度で均一化したようなものを人間はつくりつづけるわけですよ。測りやすいようにしていく。わかりやすいとか測りやすいっていうものに対して取引量が増える、速くなるっていう流れを、お金がつくるわけですよ。**お金って同じ色で、表情もなければ全部同じ形、要はのっぺらぼうなわけだから、どの1万円でも変わらない。**だから、流通するスピードは速くなるわけです。それって市場と同じだなと思っていて。無機質な同じものを、お金だけならよかったのに、市場によってさらにスピードアップさせようとする。

高橋　そうか。つまり**同質化**していく。

＊5　Part2「「市場」の副作用」（165ページ）を参照。

新井　そうそう。

高橋　多様性とか固有性とかは、もういらないと。

新井　**できるだけ効率を上げてスピードを速くするためには個性は殺したほうがいいんだよね。徹底的に。**

高橋　商品もだし、もっと言えば人もですね。

新井　そうなんですよ。**そうすると多様性とは真逆で、一様になっていくことを目的化したほうが効率がいいし、そうできるやつらのほうが優秀となるんだよ。**だから手段を目的化するようになる。手段を目的化するやつらが一番金を稼いで、しかも優秀だと言われる。

でも、ちょっと待てよと。そうだったっけ。豊かになったこの環境下で、多様性の時代って言われているこの時代で、これってやりつづける必要があったんだっけ。使いつづける必要ってあったんだっけ。多様性の時代に、仕組みが合ってないんじゃないのって思うようになってきたんだよね。

個性を「ノイズ」とし、多様性を奪うのは誰か
——生きる意味のありか

高橋　いまのお話、食べ物の世界でもそうで、同じ形のものをたくさんつくって市場に出せるのが、いままでは一番優秀な生産者だと。だから**固有性、バラバラっていうものは、あるいはストーリーや思いっていうのは「ノイズ」でしかなく、ものすごく画一的な食の世界になってきたんですよね。**

さらにその方向で食の問題、つまり年間8億人がまだ栄養失調状態にあるという問題を解決しようとしているのが、「植物工場」なんだと思っています。あちこちに農地のいらない野菜工場をつくって、水がなかろうが土がなかろうが、どこでも誰でも

同じものをつくれるっていう世界をつくろうとしているんですよ。そうなると、もはや多様性の真逆で、その土地がその土地である必要もない。だって**誰でもどこでもいつでも同じものをつくれるわけだから、やっぱりその土地特有の空間や時間といった固有性っていうものを破壊していく**ようにしか、僕には思えないんですよ。

でも、そもそも同じ味なのに曲がっただけで捨てられるとか価値がつかないって、誰が決めたんだと。そう考えると、日本の地方が衰退してきた理由っていうのは、自然は多様で、そこで育まれる食文化も多様だったのに、もはやそれがノイズとしてしか扱われなくなり、さらに新井さんがおっしゃるようにお金を介在させることによって同質化、同質化、同質化の波にさらされてきた。食べ物は、その土地の自然環境や地域文化といった複雑な要素が有機的に絡み合って生み出されてきたのに、そうした文脈から食糧生産だけを部分的に切り取って、とにかく広いところで農薬をまいてロボットを入れて生産性を上げる**のっぺらぼうな農業**を推し進めているんじゃないか、という話にググッと来てるんですよね。

新井　**その話は、実は会社も一緒で、同質化していくんです**。たとえば製品だったら、競合している他社がこれをつくっているなら自分たちもこういうのをやらなきゃいけないとか、ESG[*6]でもSDGs[*7]でもそうだけど、他社がこの点数をとってるんだからうちもこれだけの点数をとらなきゃっていうわけじゃない。そしたらどんどん同じになっていって、個性がなくなってしまう。

僕はずっと**「会社は個性だ」**と言っています。個性がなくなったら終わりなんです。人間も会社も個性が大事で、個性がなくなったら誰も選ばないしファンもできない。みんな同じにしか見えないから、人間は価格だけで選ぶようになるんです。

高橋　みんな同じものを見ていて、ある施策が成功の勝ち筋だってわかると、みんな同じことをやる。

新井　やりはじめるんだよね。だから同質化する。同じような人たちが

＊6　環境（Environment）、社会（Social）、ガバナンス（Governance）を指す。企業価値評価や投資判断において、従来の財務諸表にある数字だけでなく、こうした要素での成績を評価し、事業の持続可能性や企業の倫理観を見る考え方のこと。

＊7　「持続可能な開発目標（Sustainable Development Goals）」の略称。2015年9月の国連サミットで採択された「持続可能な開発のための2030アジェンダ」で示された2016年から2030年の開発目標。

増えたら、面白くないねって言われるようになっていく。

この前も、ある高校に行って高校生たちにこんな話をしたんです。僕も、他人からは鼻がでかいとか鼻の下が長いとか耳が立ってるとか言われて、若いころはいやだった。だけど、それこそが個性で、いつかそれが好きだっていうやつが出てくるんだって。なぜかっていったら単純に、**違うから好きになってもらえる**わけで、これが全部同じ顔になったら誰も好いてくれない。ということは、愛してもらいたいんだったら、違うことを喜びに変えないといけないんです。

だとすると、どうして均質化して同質化することによってよくなるって思うのか、わからない。効率を上げていくことが必須だった時代では必要かもしれないけど、いまはそうじゃないんだから。

そもそも人間が幸せになっていくために必要なのは何なのか。これは、ハーバード・メディカル・スクールが75年超も追跡調査をしたという研究結果[*8]でも、良好な人間関係だとわかっている。**関係性なのよ、すべては**。だから、関係性にフォーカスしていかないといけないのに、その関係性を奪うような行為、面倒くさいものをなるべくなくしていこうという行為、これは違うはずなんだよね。

高橋　そうか。バラバラだっていうことは、みんな何かが得意で何かが足りず、こいつの足りないところは俺は救えるな、俺の足りないところはこいつに補ってもらえるな。**それが自分が生きる意味になっていく、**ということですよね。

新井　そう。

高橋　同じ形だったらパズルのピースみたいにならない。

新井　別に一緒にいたって同じことしかできない。

高橋　まさにツルツルだ。

＊8
ハーバード・メディカル・スクールが1938年から75年以上にわたって実施している「成人発達研究」は、幸福や人生の豊かさをもたらすものとして、他のいかなる要因よりも「よい人間関係」にかかっていることを示した。
ディレクターを務めるRobert Waldinger教授のTED：
https://www.youtube.com/watch?v=8KkKuTCFvzI
「成人発達研究」について：
https://www.adultdevelopmentstudy.org/grantandglueckstudy

新井　関わりようがないよね。

高橋　引っかからないですよね。

新井　引っかからない。だからみんな凸凹《でこぼこ》しているからいいわけで、なぜそれを是としないのか。みんなそう願っているのに、なぜ効率を上げようとするのか。均質化できているかどうかでしか測ってもらえない。そうしたら、**行く末は自分自身を否定することになっちゃう。だから苦しいんだよね**。そこに100年時代になっちゃって、「あ、まだ生きなきゃいけないんだ」と、生きることがつらくなる。こんな社会で本当にいいんだろうか。

高橋　わかります！　ますますツルツルであることが求められ、このまま寿命が延びたら生き地獄ってことですよね。

新井　生き地獄。だからつらいんだよね。

高橋　時代が変わり、**量じゃなくて質が求められる時代**になった。にもかかわらず、寿命に関していうと、人生100年時代になるっていうことばかりが先行し、その人生の中身をどう豊かにしていくかっていう議論は置き去りになっている感じですよね。

新井　そう。だから、10歳から39歳までの各年代の死因の第1位が自殺なんてことが起こってしまうんです。

なぜ新しい「お金」をつくろうと思ったのか

新井　人間というものは、幸せになるために生きるわけで、お金のために生きるわけじゃないはずなんです。お金っていうのは人間が定義したものであって、神様が定義したものではないわけですよ。なのに、**なぜ人間は、いま規定されている法定通貨というものに、そこまで従わなきゃいけないんだろうか**。すでに仮想通貨といったものが出てくる時代のなかで、若い人たちはいままでの人たちがつくったお金のあり様に価値を見出せないし、楽しくもなんともない、夢も見られない。だから新しいものをつくり出すんだけど、実は僕はいまの仮想通貨にも違和感があるんです。

いまの仮想通貨も、ただただどれだけ効率的に儲けようかっていうふうに使われてしまっていることがほとんど。でもそれって最新のテクノロジーを使ってもっと効率を上げようっていう方向性でしかない。そこにすごく違和感があるんです。さっき言っていた、のっぺらぼうを、もっと高速でできるようにしようっていうことでしかないから、いや、そっちじゃねえだろうと。

もっと人間って個にフォーカスしてよくて、違いを重視してよくて、その違いをうまく見せて関係性をつくれるようなシステムができればいいだけであって。システムがそれをサポートするのであれば僕は受け入れられるんだけど、どうも違う方向に行っているような気がしています。

つまり、テクノロジーの使い方が間違っているんじゃないかっていうのが、新しいお金をつくろうと思ったそもそもの出発点だったわけです。[*9] そして、そうじゃないお金、つまり**関係性を重視するお金**っていうものをつくりたいって思っちゃったんだよね。それが今回始めたお金、eumo（ユーモ）[*10] なんです。

高橋　お金自体が悪いわけじゃない。お金の使い方っていうか、お金を使う人間の心。あるいは科学技術も、科学技術自体が悪いわけじゃない。だから、お金にしても、科学技術にしても、それを何に使うか、そこが問題で、多くの人がはき違えてるんですね。

新井　一番の問題はやっぱり、**手段を目的化してしまう**っていうこと。それと、**テクノロジーを「どこ」のために使うか**というのも大事で、自己の利益ではなくて社会のために使うべきなんです。自分を律する力じゃないけど、それを間違っちゃいけない。

＊9
コラム01「テクノロジーは何のためにあるのか」も参照。

＊10
共感コミュニティ通貨eumo（ユーモ、通貨単位ë）。コミュニティごとに共感できる価値基準を決めて、それぞれの色で運営できる通貨。現在は、関係性やお金が目的化しないことを重視して、現地に行かないと使えない、共感を表現すると手に入る、円では手に入らない商品・サービスを提供してもらえるなどの特徴を持つ。２０１９年９月から実証実験を開始している。

だから、このふたつがどうも間違いを多く生む。

ひとつめの、手段を目的化することの弊害で、一番わかりやすいのはノルマですよね。**ノルマを与えると、本来あるべき姿から乖離《かいり》していく**。だって、ノルマなんてしょせん手段だったはずなのに、それがもう目的になって馬車馬のようにやりはじめるわけですよ。優秀なやつに絶対にノルマなんて与えちゃだめ。お客さんを切り捨てでもノルマを達成するから。優秀だからこそ、人として間違っていることもやりはじめてしまう。だから、手段を目的化すると全然違うところに行ってしまう、というのはすごく思う。

同じように、テクノロジーを社会のために使うべき、というのも重要で、そうしないと、仮想通貨じゃないけど、誰が一番儲けたかみたいな話になってしまう。でもこれって違うよね。こうなると、愚かなやつに駆逐されていくだけになる。それはもう歴史でわかっているから。**結局一番儲けようとするやつらがまたつかみにいって、だましつづける社会というのをつくり上げようとしちゃうから**。そうすると、そういったテクノロジーは社会に必要ないよねって、残らなくなっちゃう。テクノロジーが悪いんじゃない。使い方の問題なのに。

「二人称の死」と、人が働く理由

高橋　この使う側の人間の心がついていかなくなったことの背景として、**人間が自然からどんどん離れてしまった**ということがあるのでは、と思っています。何が言いたいかというと、新井さんも病気がきっかけでお金そのものや、豊かさや幸せについて問うようになったっていう話をしていましたけど、余命宣告された人って「あと1年だ」って言われたときに、お金のために働くかっていったらたぶんそんな人いないじゃないですか。

新井　働かないですよね。

高橋　締め切りを設けられると、何が大事かっていうことに気づく。しかも、お金はあの世に持っていけないですよね。アメリカの死刑囚で、「俺は何も悪いことしてない。謝らない」と裁判でも居直っていた人でも、最後の最後、被害者の遺族が死刑の執行を見ているときに、詫びたくなるらしいんですよ。つまり、誰かの役に立ちたくなるという。だから、自然っていうのは要は命ですよね。人生が限られるとなると、やっぱり誰かのため、世のため人のために生きたくなるっていうのはあると思っていて。でも自然から離れてしまった人間は、生老病死という自分の内なる自然からも目を背けてしまい、結果、締め切りのない人生を手段と目的をはき違えたまま生きつづけることになってしまう。

死には3つの種類があって、一人称の死、つまり自分の死っていうのは、死んだら自分はこの世にいないのでここでは論外で、三人称の死っていうのは、たとえばパレスチナで爆弾が落ちて人が死んだってニュースで聞いたときに、知識にしかならないんですよ。知り合いじゃないですからね。

だけど、**二人称の死だけは悲しくなる**。そいつとの思い出があるし、その思い出を思い起こしてしまうから。だから二人称の死に意味があるんですよ。そうすると、生きると死ぬっていうのがコインの裏表だとすると、ひっくり返すと生きる意味だって世のため人のためのはずで。何のために生きているのかという生の実感も、いつかは死ぬという死の意識も感じられないっていうのは、やっぱり自然がわからなくなってしまったというか、自然から離れすぎてしまったことが背景としてあると思うんですよね。そうしていま始まっているのが、不老不死の議論。

資本主義も不自然で、今日より明日、今年より来年のほうが必ず数字が伸びていかないといけないじゃないですか。昔はよかったんでしょうけど、これから先も伸ばしつづけるためには、引き続き自然から収奪していかなければいけない。実体経済は、自然資源をとってくることで回っているわけで、当然、それには限界がある。結果、いま始まっているのは、今度は宇宙だ、火星だ、あるいは生命の基礎単位である遺伝子をいじるといった、そこまでしてさらに成長を追い求めようとしている大きな流れがあるじゃないですか。

その流れに対して、おい、ちょっと待ったと。新井さんも僕もそうですけど、**その**

先に果たして人の幸せがあるかどうかっていうと、大きなクエスチョンマークがつくっていうことですよね。

新井　そのとおり。結局、僕らはすべてを否定するつもりはないわけですよ。つまり、**いまの社会システム自体が限界を迎えているなかで、なんらかの補正をしなきゃいけない**。資本主義でも社会主義でも、社会システムに完璧なものなんてない。すると、完璧でないものをなんとか補正しなきゃいけなくなるんですが、その補正の仕方が問題だと思っていて。いまの延長線上で、たとえば宇宙開発をするとか遺伝子組み換えをするとか、それって違うだろうっていうことだと思うんですよね。

そうじゃなくて、本来あるべき方向に行くために、いろんなものがあれば、別にいいも何もないわけですよ。むしろ、みんなの価値基準をひとつにする必要は全然なくて。多様なものをコントロールできるような時代に入ってきたわけですよ。

お金だって当てはまるようになってきていて、いままではお金っていうものがのっぺらぼうで同じ色をしていなきゃいけなかったけど、いまはシステムが充実しているから、いろんな色に変えることができる。

つまり、**それぞれ違ってかまわないってこと**。それは人間もそうだし、社会システムもそうなんですよ。たとえば、いまの社会システムで生きづらい人たち、つまり競い合うことによって息苦しくてしょうがない人たちっていうのが少なからずいるわけだけど。

高橋　いっぱいいいると思いますね。

新井　別のシステムがあればいいだけの話になるじゃないですか。別に競い合うことを否定するのではなくて、競い合うことで勝てる人たちやそれで燃える人たちっていうのはいてよくて、別に何の問題もない。

でも、それにすごく違和感のある人たちが少なからずいるなら、そこに対して違う価値基準の指標っていうのをつくれば、いままでどおりの成長っていうことが違う形で表現できる。自分たちはそれをeumoでやろうとしていますが、また別の人たちによっていろいろな挑戦が生まれてきてシステムに多様性が生まれれば、結果として**多様な生き方ができる時代**がやってくるんだろうなと。そのときに自分がどこでどの経済圏で生きていきたいか、みたいなものをチョイスできるようになれば、たぶんこんなに息苦しい生き方にならないで済むだろうっていうのはすごく思う。そうしないと寿命が長ければ長いほど苦しむっていうね。

高橋　本当ですよね。

人の幸せから、お金のかたちを逆算すると

新井　高橋さんが二人称の死について話していましたが、**二人称の関係性がお金っていうものを介在することによってどんどん薄まっているような気がしていて**。要は関係性の希薄化ですよね。それを取り戻したいと思ってみんなＳＮＳで関係性をつくろうと

する。

二人称の関係性ってつらいことや苦しい思いもするし、さらにそれが地域のコミュニティの中での関係性まで含めると面倒くさいしいやだと思うのはわかる。それでも、やっぱり人間には凸凹があって、自分の形に合う相手とのつながりを求めているわけです。つながりによって気づかされることがたくさんあるし、悲しみがあるからこそ生きる意味っていうのを見出すことができる。生かされている自分の命を、何か社会のためになるように使おうっていうベクトルに行くわけですよね。

だから、関係性が希薄化する時代っていうのはつくっちゃいけないんだと思う。**もっと関係性が強くなって結びついていくための機能が必要**で、そのひとつを高橋さんが食と一次産業の点で担っていると、僕は思っている。高橋さんのアプローチは、高橋さんがいままで生きてきた延長線上で成立しているやり方。だから、僕は金融マンとして生きてきた延長線上でのアプローチで、関係性を強めていくようなお金のあり方っていうのを機能として担っていきたい。それがあるべき姿だと思っていて。

その僕の経験から言えるのは、お金が目的化することにはすごく違和感があるから、貯められないお金がいいだろう、ということ。つまり、貯められると人間は目的にしちゃうから貯めるという行為をできなくしてしまって、代わりにどこかが貯めていればいい。**要はコミュニティの中で貯めているところがあって、必要なときに必要なだけ手に入れば人は不安にならないわけじゃない？** だから、コミュニティごとにひとつの財布を持つのでも、コミュニティ単位で貯蓄してそこからベーシックインカムを配るのでもよくて、そこに不安を解消する仕組みがあればいい。その人個人がお金を貯めるっていうことを目的化すると、共助の精神は生まれずに自分が貯めるという行為に夢中になってしまう。こうなってしまえば、関係性の分断にほぼほぼ等しい。だから、僕はそんなお金、もういやなんだよね。

高橋　つまりお金の性質が社会を形づくるんだから、新井さんは**こういう社会、こういう人々の人生がいいんじゃないかっていうところから逆算したときに、今度のお金はこうあるべきだってデザインする**と。それが、eumoということですね。

新井　そうそう、そのとおり。

高橋　だから**貯められない**。

新井　そう、貯められないし。

高橋　あるいは行って人に会わないと使えない。

新井　そう。僕がお金を再定義したいと考えた理由は、**人々が幸せになるための手段としてのお金であるべきだ**と思ったから。お金を使えば使うほど人に出会って幸せになるんだったら、そのお金は正しいはず。そして、目的化せずに手段のままでいなくてはいけないので、貯められちゃまずいからそういうデザインになっているだけなんです。
反対に、家にいて何でも届く状態って、関係性があるのって宅配便を届ける人だけだよね。

高橋　その人とも関係性は結ばないでしょうけど。

新井　**だから本当に人生を幸せにしてくれるものって、やっぱり素晴らしい人と出会うことだと思う。**

高橋　はい。

新井　それは本当に人をワクワクさせてくれるし楽しませてくれるし、本当にお金では買えないものがそこには存在するしね。だから、それを創出できるお金がつくれたら、素敵だなと思っています。

高橋　そうそう。それはもはやお金で買うっていう表現ではなく、お金で生み出し、創造する。買うっていう行為じゃないですよね、もはや。

新井　買うっていう行為じゃないです。つまりいまのお金を超えたいっていうのはあるんですね。だから決済じゃないですよね。決済っていうのはお金と物で関係性が切れることを言っているから、そうではなくて、**関係性、つまりお金のやり取りの瞬間を、人間と人間との関係性が切り替わる瞬間にしたい。**

「腐るお金」がもたらすもの

高橋　いま、ポケットマルシェ（ポケマル）では、関係性の切れる消費から、関係性の生まれる消費へと切り替わっていくということが、実際に起こりはじめています。[*11]

新井　本当ですか。

高橋　ポケマルでは、お金と食べ物の交換はしていますよ。ただ、いま

＊11　ポケットマルシェが生み出した「関係性の生まれる消費」によって広がった共感の「輪」の力については、巻末の特別寄稿（228ページ）もぜひ参照してほしい。

までのスーパーと違って、**生産者と消費者が顔が見えるかたちでコミュニケーションを始められる**。そうしたら、やっぱり生産者のなかで「いつもリピートしてくれてありがたい」っていって、オマケを入れはじめるんですよ。そうすると受け取った側はなんかちょっともらいすぎちゃった感じがして、また何かあったらこの人から買わなきゃいけないんじゃないかなっていう気になる。あるいは、野菜セットを注文したお客さんの子どもがニンジンが苦手だと知ると、「代わりにジャガイモ多めに入れておくね」とくるわけです。そうしたら、やっぱりその気遣いに感謝し、またこの人から買いたいっていう気持ちになる。

新井　借りがある、みたいなね。

高橋　そうそう。それが続いていくんですよ。ずっと。ベースには共感があって。

新井　いいですね。関係が続いて終わらせられないっていうね。それを僕はお金側からやりたいんです。そのためにはつまり、**定価っていう概念を変えなきゃいけないい**わけです。

高橋　定価ね。

新井　定価なんて本当はどうでもよくて、あなたから買うから私はこれぐらい払いたいっていう、**ギフトをする習慣をつける**ってものすごく大事だと思っていて。

高橋　ギフトか。

新井　いまの高橋さんのお話っていうのは商品からオマケという差が生まれるんだけど、僕はお金からアプローチして、生み出したいんだよね。
たとえば、払うほうがどうせ明日に期限が切れちゃうお金だから——僕らは「**腐るお金**」って言っているんだけど——、「すごくいい人だったので全部渡します。あなたが好きですから。あなたのサービス、最高によかった」っていって渡したら、それはつくる側は嬉しいし、「あ、こういうお客さんいたな。このお金を使う人ってこういう思いで使ってるんだな」っていうのが見えてくるわけじゃないですか。そういう経済圏をつくったほうが僕は豊かになるなって思っていて。僕は**健全なインフレをつくりたい**っていうふうにあちこちで言っています。

高橋　つまり、**お金はお礼だ**と。

新井　お礼なんです。**「ありがとう」**なんですよ。

高橋　自分の暮らしを豊かにしてくれるものをつくったあなたに、ありがとうっていうお礼をお渡しすると。

新井　そう。

高橋　そこで値段は、主観的に「あなたのしてくれた仕事はこれぐらいですよ」って示すものになる。そうすると、定価じゃないから、「俺、こんなにもらっていいのかな」って。次、今度はこの人がまた別の人から買うときには、同じように考えて渡す……。そうか、これが**関係性が紡がれていく**っていうことか。

新井　そうそう。ギフトをたくさんしあう**贈与経済**に持っていく。

元凶は「定価」
――健全なインフレを起こし、つくり手の復権へ

新井　僕は、**安けりゃ安いほうがいいだろうっていうふうに思っているいまの経済を生んでいるのは、定価だ**と思ってるんです。

高橋　そうですね。本当にそうだ。

新井　市場もそうじゃない。だから、安けりゃ安いほど、というところに行くんじゃなくて、みんながギフトしあうような関係をしつづけるようになってくると、健全なインフレは起こると思っていて、それをつくりたいんだよね。

一生懸命やっている人たちがバカを見る社会って、僕は絶対あっちゃいけないと思っている。それは何のせいかっていうのを遡って考えてみると、**いまの社会ってコストをかければかけるほど損だってなるんだけど、そのせいなんだよ**。それはなぜかっていうと定価が決まっているから。それに対して原価は下げるほうにいかない限り儲からないからっていう話になるんだけど、そうすると原価を下げる圧力がどんどんかかるわけ。そうするといい物をつくれるわけがない。

高橋　疲弊していく。

新井　疲弊していくよね。そうじゃなくて、かかるものはちゃんとかかるんだと。かかる分以上にギフトしてくれるっていう環境をつくれば、経済は健全になっていくんだよ。

だからちゃんとしたものをつくろうって思うし。

高橋　いま、日本は外国から「安くておいしい国」って言われるんですよ。あの国は、お徳な国だって。でも、考えてみれば、安くておいしいって、変なんです。いいものはそれなりに手間をかけているんだから相応の値段がするのは当たり前じゃないですか。**「安くておいしい」が成り立っているのは、誰かがどこかで犠牲になっているからなんです。**食の世界で言えば、生産者や料理人がそう。これって、持続可能じゃないですよね。だから、これを逆回転させて、**つくり手の復権をしないといけない。**

新井　そう！　やっぱりつくる人が復権してほしいんだよね。だって、カッコいい仕事をしてくれるようになっていくっていうのがあるべき姿で、若い人たちがそれに魅力を感じるわけじゃない。だから僕は、贈与、ギフトするっていうことでそれを生み出したい。

お金に「色」をつける
――選び合う社会へ

新井　それともうひとつ、**お金に色をつけたい**っていうことだよね。生産者側が復権していくためにもこれは必要。お金に色がついていれば、「あ、この色のお金に自分が一生懸命つくったやつは出そう」って決められるじゃない。いま、お金に色も何もないから、たとえブラックなかたちで手に入れたお金も、一生懸命社会のためにと思ってやってちょっとだけ得たお金も、全部同じお金にしか見えない。だから、**「大小」でしか比較できない**。大小でしか比較できないとつくり手、生産者側も選べない。

高橋　つまりお金に色をつけるっていうのは、社会を導くっていうことですね。

新井　そう。つまりある種、選挙ですよ。自分の命を使って大事につくってきたものを、この色だったら僕は提供したい。お互いが選ぶことによって健全な仕組みをつくっていくというのは、僕はできるような気がしています。**それは消費者も選ぶし、生産者も選ぶ**。そういう関係性をつくることができるお金があれば。

高橋　いいですね。生産者も選べるっていうのが大事ですね。

新井　大事。だからそうしない限りにおいて生産者の復権ってありえないと僕は思っていて。

高橋　ポケマルで、生産者からこういう声が上がってるんですよ。「あんた、五分の関係をつくるって言ってるけど、ちょっと売りたくないお客さんがいるんだ」と。「こっちは選んじゃいけないのか」と。

新井　まっとうだと思う。お互いが決めればいいし、世界的にも、みんな双方向に移っていってるわけだし、テクノロジーでそれができる時代なんだから、早くそっちに行っちゃえばいい。だから、**選ばれる消費者じゃなきゃいけないし、選ばれる生産者じゃないといけない**。その健全なコミュニティを僕らeumoはつくりたいし、そこに向かって早く前に進みたい。

クラウドファンディングの先へ
——プロジェクト単位からコミュニティ単位に

高橋　東京都の大田区には、町工場がすごく多い。最近、大田区の町工場がどんどんつぶれていくことに、二代目三代目の若い社長たちが危機感を持って立ち上がったんですね。彼らがうちに相談に来たんですよ。話を聞いていたら、金属加工で日本のものづくりを下支えしてきた大田区には、いろんな加工の芸を持った会社があるから、どんな要望にも仕事を回し合うことで迅速に応えていたと。だけどそれはあくまで下請けの仕事回しだったので、リーマンショック以降、ものすごく叩かれて、そこでもう食えなくなっていったと。

その若い人たちは考えた結果、もはや自分たちは加工業に甘んじるのではなくて、営業も企画も全部自分たちでやって、課題を抱えている現場の話を聞き、そこに「こういうものをつくれば解決できる」って商品を企画して提案し、少量でもつくるということをやっていきたいといっている。プロジェクト型の仲間回しとでもいうか。彼らはいま農業漁業の現場で、ヤンマーとかクボタがつくれない、それぞれの生産現場で抱えているいろんな農業器具とかをヒアリングしてつくりはじめているんですよ。

そういう現場をどんどんどんどん紹介してくださいといって僕のところにやって来て。農家がたとえば、こういうものが現場にあったら助かるけど、それはだいたい日本全体で30個ぐらいの現場でしか必要とされていないとしても、クラウドファンディングでそういうものがつくれたら助かるっていっている。しかも、クラウドファンディングでお金が集まったら、工場の人たちもつくる量が予めわかってつくれるっていう。

すごくいい話なんですけど……回りくどいんですよ。**お金の出し手とつくり手と買**

い手がバラバラで。これがもしeumoだったらもっとまっすぐにつながりあえるんじゃないかなと思って。いまは少量ではつくれないんですよ。大量にニーズがあるものだけを大手がつくり、その下請けに甘んじている人たちがさっき新井さんがおっしゃったとおり、コストを下げる方向しかないのでみんなで苦しんでいると。だからそこを変えるにはダイレクトにまずつながっていくっていうことが大事ですよね。

新井　そう。どうやってどこまで言おうかいま悩んでるんだけど……クラウドファンディングの問題もあって。

高橋　聞きたい。

新井　クラウドファンディングをやっている人から言われたんだけど、**クラウドファンディングをすることが目的化されてしまうので、そこで疲弊しちゃう**というんですよ。つまり、お金を集めることを目的化して、ものすごいエネルギーで突き進む。そのためにキャッチーなものをつくりこんでやっていこうとする。でも結果的には関係性のある人たちからしかお金が集まらないっていうことがもう起こっていて、そこで全エネルギーを使ってしまうので、実際のプロジェクトにつぎ込むエネルギーがなくなっていくっていう。

クラウドファンディングって僕はあったほうがいいと思う。ただ、でもそれってある一定以上有名になって形づくられてやっていく分にはお金が集められていいんだけど、小口で本当はやろうと思っていたものが、あまりにもいろんな人たちがクラウドファンディングしすぎてしまったがゆえに、もう全然見向きもされないものがたくさんでき上がってきてしまう。

高橋　いまはそういう感じですよね。

新井　高橋さんがおっしゃるとおり、共感マネーというもの自体もあり様として次のステージに入っていくんだろうなっていうのを僕は思っています。つまり、コミュニティごとに違うような。Ａっていう話では先ほど出てきた大田区の町工場かもしれないし、Ｂっていうことに関しては農業生産者かもしれないし、Ｃっていうのが漁業をやっている方々かもしれない。それをどういう組み合わせで、どういう機能でやっていくかっていうのはいろいろあっていいし、僕らだけがやる必要はなくて、それを他の人たちも担っていけばいい。

ひとつのコミュニティとしてソリューションが提供できれば、社会コストはだいぶ下がるんじゃないかなっていうのはあるんですよね。小口化して相対《あいたい》でやる機能のものとか、信頼できるコミュニティで解決しようとする機能のものとか、いろんなソリューションが出てきたほうが、社会はもっと豊かになる。そこらへんは、高橋さんと組んでいろんなものに対応できるようにしていくことによって、信頼と共感のネットワークっていうのを構築できたらいいなと思ってはいるんですよね。

ただ、そのためには信頼し共感できる相手じゃなきゃいけないので、ここには目利きっていうのが必要になる。それはもう本当に高橋さんも自分もそうですけど、人として信頼できる人たちと一緒にそういったものをつくらないと、自分たちがつくりたい社会や世界観っていうものが実現できないので、それはしっかり選んでいきたいなっていうのはありますよね。

共感資本社会を実現するための2つのカギ

高橋　そうすると、いまの日銀マネーは政府の信頼と銀行の信頼の上に成り立っているお金じゃないですか。eumoが社会の中で一定層人々に認知され広まっていくには、当然またその背景に何か信頼に足るものがなければいけなくて、その信頼に足るものが何かっていうと、まさにビジョン。こういう社会をつくろうっていうビジョンですよね。

新井　そうですね。**共感資本社会を実現したい、つまり本当に大切にしたいものを大切にできる社会っていうのをつくりたい。**僕らのこの思いに共感してくださる人たちが集まってお金を拠出し、その思い、ビジョンを成り立たせるようにしていくっていうのが自然な姿だと思っていて。

僕らのeumoという会社は、株式会社で始めているけど、基本的には誰かが儲かるという仕組みをつくっていないし、株式で出資しても、基本的には配当もeumoっていうお金しかもらえない。つまり、円で儲かるっていうことはありえなくしてあって、なぜかというと共感でお金を集めていくっていう、僕らのコンセプト上そうならざるを得ない。それが何の意味があるんだって言う人は僕らのところに来ない。

あともうひとつ、僕らがやっていかなきゃいけないのは何かっていうと、**すべてに対する透明性**ですよね。すべてが開示されて、しかもお金の行き先が全部見えてくれば、人は信用、信頼してくれるはずだから、そういったことによって担保していく。そこは僕らがやりたい世界観だから、基本的にはそれが見える化することによって、みんなが「あ、こういうものだったら信頼できるね」と。

高橋　なるほど。「この何かよくわからないけど新しいeumoっていう貨幣、またどこかで誰かが儲けようとしてるんじゃないか」っていう疑念を一掃するために。

新井 そう。一掃するために、ぜんぶ見える化する。それってすごく大事なことだと思っていて、最終的には、ブロックチェーン技術とかそういったものを使って透明化していく、見える化していくっていうことが技術の使い方なんだろうなと思っているんですよね。

「お金」は万能でなくていい

高橋 僕には難しくてわからないですけど、実体経済の中にあったお金が、その実体経済の成長が限界の壁にぶつかり、今度はバーチャルな世界に行きはじめて、金融もデリバティブだなんだっていってていろんなものをぐちゃぐちゃに混ぜて、もはやつくった本人もわからないみたいなね。一応僕も財布にいま現金入っていますけど、ここにあったお金がもう何がなんだかさっぱりわからないみたいな、高度な金融とか難しすぎてよくわからないっていう。それをもっとシンプルにするっていうことですね。

新井　そう。自然ってそうだけど、小難しいものは残さないですよね。だからシンプルにする。シンプルなことしかできないお金があってもいいじゃない。**お金がお金を生むっていうのは不自然だと思っていて**。

高橋　そうですよね。お金がお金を生むって……。

新井　変じゃないですか。お金は細胞分裂しないわけですよ。だから増えるわけがない。でもお金がお金を生むっていう金融資本主義が生まれてくるわけじゃない。それは不自然であって。

高橋　不自然ですね。

新井　やっぱり自然なものであるべきで、**自然なお金って機能が限定されていていいと僕は思う。**

高橋　万能じゃなくていいと？

新井　万能である必要はない。もう限定的で構わない。**限定的であろうと、それによってみんなが幸せになるのであれば、そういうお金こそあったほうがいいと思う。**そっちをみんな使いたいというふうに思うから。信じられるから。やっぱり信じられるものがお金になるし、僕はそうあるべきだと思う。あまりにも複雑なものっていうのは、人は信じられなくなるから、お金の価値っていうのは低下してくるんじゃないかって思うんですよね。

新しい金融像へ
――虚業は実業のために存在してこそ

高橋 まさにこの20年、金融は複雑化の一途をたどってきたわけですよね。そのせいで信用を失い、かえって価値を下げてしまった……。

新井 そうそう。わかるやつだけがわかっていればいいみたいな状況だった。

高橋 サブプライムローンなんて、もはや理解不能というか、実体からあまりにもかけ離れすぎて、難しすぎる。

新井 実際の問題は、構造上、だますことが簡単な社会になってしまっているってことなんだよね。

単純化して説明すると、格付けと言われるものには、AからD（デフォルト）までのランクがあるんだけど、デフォルトはもうつぶれちゃってるわけだから、A、B、Cの3つのランクがある。当然ながらC単体で売ろうとするとCの価格は下がる。みんなAのほうがいいから。だからAにちょっとだけスパイスCを入れる。でもそれってほとんどAだからAと変わりないっていうのが、キモだった。要はフレーバーとして振りかけるわけです。そうするとちょっと利回りがよくなって、でも格付けは一緒だから、「じゃあ、それ買いましょうか」と買い手がつくということ。

全部足すと計算が合わなくなるんだよね、これ。要はAにちょっとフレーバーとしてCを足してもAのままだったりするから、全体の総和が大きくなるっていう、そういう現象が起こるわけです。**手品みたいなものでしょ**。それっておかしいんだよ、やっぱり。不自然なんだよ。

だから物事ってシンプルに考えて、不自然なものっていうのはやっぱり残らないし、おかしいものって持続可能じゃないんだよね。

高橋　不自然っていうことは、実体からかけ離れているっていうことですよね。要は手品。

新井　そう、手品になっちゃう。金融はよく虚業って言われるんだけど、虚が虚を生んじゃいけないんだよね。**虚は実のために存在するから意味を成す。だから虚である以上は、実のために存在するべきで、実から乖離したときには、決していいものは生まない。**本来金融は、実業のために存在している。ここから乖離したものっていうのはすべて淘汰されるって僕は思うんだよ。金融をずっとやってきて。そこから乖離したのが金融資本主義。

そりゃそうだよね。虚が虚を生みつづけたら、実からどんどん乖離して違うところに行っちゃって、はじけて何もなかった状態になる。そんな幻想とかそういったものをつくりつづける金融って最低だと思うし、どこに行きたいんだろうなって思っちゃうんだよね。

高橋　世界経済がいつどうなるか、わからないじゃないですか。何かあったときに、あれ、そういえばeumoっていうものがあるねと。お金の本質を考えたら、この一夜にして泡沫のように消えてしまうものじゃなくて、そのときにオルタナティブな存在としてあるといいですね。そのときにすごい変化が起こると思うんですよね。

新しい価値観の「軸」をつくる

新井　最終的には「生産している人たちがもっとも価値があるんだ」っていうお金じゃないと、生産者がそっぽを向くと思っていて。

というのは、たとえばどんな天変地異が起こるかわからないけど、想像できないようなことが起こったときに、ゼロにはならないんだよね。大量に均質的につくってきたものっていうのは、たとえば干ばつとか大雨とかそういったものには弱い。でも生命力のあるものって基本的には生き延びる力があるから、ちょこっとは残るんだよね。本当につくりつづけてきた生産者たちは、その生き延びたものを手にしているから、彼らとつながっているかどうかって僕はすごく大切なことだと思っている。

　別に不幸を生みたいわけじゃないけど、でもそうならないと本物が見分けられないとか、本物が浮かばれないっていう社会にしちゃいけないと思うし、そういうときに僕らがつくるeumoというお金で信頼関係がつくれていれば、救われていく人たちが出てくるんだと思っています。

　僕は最終的にはそういう人たちが社会のためにがんばってくれて、結果として幸せになってもらえるんじゃないかなと本当に思ってるんですよね。だから、そうあってほしいし、そうなりたいなっていうのはありますね。それはもう日本だけじゃなくて世界中の人たちがそうあってほしいし。絶対やっちゃいけないなと思うのは、正直者がバカを見るとか、一生懸命やってるやつがバカを見るみたいな社会で、そんなことになったら、絶対にみんな一生懸命やらないし、嘘をつきはじめるし……。

高橋　ズルする。それが可能なのがいまのお金。

新井 うん。そうあっちゃいけないから。それはいまの社会システムの限界なんだと思っている。**だから新しい社会システムをつくりにいかなきゃいけない。**

高橋 結局いまの社会システムの中で何かやろうとするとやっぱり限界があると思うんですよ。新井さんがやろうとしていることはまったく新しいステージをつくろうとしていると。たとえば、2019年の参議院選挙で山本太郎さんが下馬評を覆してあれだけ支持された背景は[*12]、他の野党が自民党と同じ木の中で枝葉の違いを競い合っているなか、彼だけが「新しい木があるぞ」って言ったからだと思うんですよ。まったく消費税がなくてもやっていけるぞっていう。いい悪いは別にして、**少なくとも完全に軸をずらしてしまった。**新井さんも完全にいまの社会システムとは違う社会システムをつくるっていう。

新井 お金をつくるって言うと、必ず比較されるんです。たとえば他のペイメントサービスとか決済アプリとか、そういったものと。その

*12 山本太郎氏は、2019年の参議院選挙で99万票超を獲得したが、落選している。

とき、「それって経済的メリットは何なんですかね」って言われるんだけど、そこに関心がある人は僕らの仕組みは使わないと思う。要は、共感してくれる人たちがeumoを使おうと思うものだし、そこに意味があり価値があると思う人たちが使えばいいだけの話だから、経済的メリットがどうのこうの、合理性がどうのこうのは関係ない。いま高橋さんが言ったように、違うところに存在しているから、比較することは意味がない。

高橋　ないですね。そうか、ペイメントサービスや、さっきのクラウドファンディングも、同じ木の延長線上にあるものなのか。ペイメントはまさに「決済」の代替手段だし、プロジェクト単位でお金を集めるクラウドファンディングもプロジェクトの終わりが縁の切れ目になっちゃう。お金を集めるのが目的になってしまえば、返礼品を豪華にすることに意識がとらわれて、手段であることを忘れてしまう。便利になっているだけでお金の本質は変わっていないですよね。そう考えると、eumoに閉塞感を打破してくれそうな何かを感じるのは、**「新しい木」ができそうだと思わせてくれる**からか。

新井　価値軸が違うんだよね。なぜかと言ったら、**僕らがつくりたいのは人との出会いだから。**

すべては「知る」ことから始まる

高橋　出会いについては、僕もすごく言いたいことがあって、**共感のスタートって「知ること」**じゃないですか。

新井　そう、知ることこそがスタートライン。

高橋　僕、4年前に亡くなった姉ちゃんが知的障害者で、5p欠失症候群っていう難病を抱えていたんです。40年前に岩手の田舎で障害児を育てるっていうのは本当にひどい話で、差別しかなかった。小さいとき、姉ちゃんと地域の銭湯に行くと「病気が移る」って出ていく時代だったんですよ。小学校4年ぐらいかな、僕の一番仲のよかった幼馴染が初めてうちの姉ちゃんに遭遇しちゃったんですよ。そしたら「怖い」っていって逃げていった。僕はそのときショックだったけど、いま思うわけです。彼は知らなかったんですよ、障害者って。生まれてこの方見たことも会ったこともなかったんですね。

いまの日本社会は、義務教育では障害児と健常児を分離教育しておいて、社会に出たら一緒に働けって言ってるんです。でもそれって知らないから、難しくて。**やっぱり知る、知り合いがいるっていうのは共感のスタートになる**と僕は思うんですよね。

新井　本当にそのとおりで、なぜ差別や偏見が生まれるかっていうと単純で、恐怖感なんですよ。知らないことによる恐怖感。人は知らないから怖いんですよ。**だから知れば多くのことは解決するんですよ**。もちろん、知っていて、好きか嫌いかとかっていうのは全然構わない。それはそれぞれの価値観だから。でも知りもせずに恐怖で差別や偏見を生むっていうのは、これは社会的な不幸なんですよ。しかも、知っていれば行動が違うかもしれないのに、知らないまま終わっていくっていうのは、豊かとはとても言えません。寂しい人生を送っていくわけです。

高橋　世界が狭いですよね。

新井　すごく視野が狭まる。何はともあれ**経験、体験することが、人生をより豊かにすることにつながる**。そして、**その大きなファクターがやっぱり人との出会い**なんですよ。素晴らしい人たちと出会えばいいし、別に障害のある人だからって特別なものではないんです。同じ人間だから。

だから同じ人間だと気づくことによって、その人たちはまた自分とは違う人たちに出会える可能性が増えていく。その機会を逃してしまうっていうのは、自分が豊かになることを自分から否定することなんですよね。だから食わず嫌いと一緒で、人との関係性も食わず嫌いとなってしまう。そうじゃなくて、もっと素敵で素晴らしい人たちが存在するんだっていうことを「知る」ことが、共感へとつながっていく。

鎌倉投信というものを通じて、僕は素晴らしい会社、素晴らしい地域の人たちに出会うことができた。それをやっぱり僕はみなさんに味わってほしいんですよね。それはもう高橋さんも一緒だと思う。**自分が出会えた本物たちに出会ってほしい**。僕はそういう思いでつながれる人たちのネットワークができれば、社会はより豊かになるんじゃないか。そうしたネットワークが共有されて、混ざり合うと、たぶんすごく豊かな仕組みづくりができるような気がしています。そしてそれはつながっている人間同士だからできると思う。

高橋　いまのお金だと異質な世界に出会う機会はむしろなく、要は人間関係を希薄化していくカッターみたいになってるじゃないですか。お金って。**eumoは異質な世界に出会ったほうが「儲かる」仕掛けですよね**。

新井　そう。本当にたくさんの人たちに幅広く出会うことによって、人間は成長するわけじゃないですか。人間は成長すればするほど、社会のために自分は何ができるんだろうかと考えるようになっていく。そういう人たちを増やしていくことが、社会がより豊かになっていくことにつながるわけだから、eumoを使えば使うほどその人たちが人間的に豊かになっていく仕組みができれば、たぶん社会は大きく変わっていくんだと思う。

それを生み出していく金融って、**金融に対してのプライドを取り戻すこと**だと僕は思っていて。要はちゃんと機能している金融。将来、「いや、おまえらがいてよかったよ」と、「おまえがeumoっていうお金をつくってくれたから、いまこの仕組みができてるんだ。感謝してる」って言われる金融をつくり上げたい。いままでの延長線上の金融をやっている限りにおいて、誰も感謝しないと思うんだよね。

高橋 そうですね。地銀もみんな疲弊してますしね。消えるとか言われて。

新井 じゃあ、本当に必要とされるお金や金融の役割って担えないんだろうかって。いや、担えるはずだっていうのを僕は思っていて、僕はeumoで新しい金融像っていうものをつくり上げたい。

高橋　**金融ってもともと人助け**ですよね。

新井　そう。

高橋　それがいまや人いじめっていうか、人と人を分断してしまっているので、もう一度人助けの金融にアップデートする。

新井　そう。つまり、**人と人とがつながるための金融**であるべき。

高橋　つながりましたよ！　僕も、食は人と人がつながるための食であるべきだって言いたいんですよ。人をつなぐ媒介としての「食」。

新井　そう。人をつなぐ媒介なんですよね。

効率を追い求めるほどに、自分の可能性は狭まっていく

高橋　知らない世界を知るって、いいですよね。

新井　一番楽しいじゃないですか。それがある種、自分の可能性にワクワクする瞬間なんです。**いままでのことしかできない自分、ここに閉塞感を感じるわけですよ**。つまり、いま自分は「これ」しかできない、この会社にいない限りにおいて自分は自分ができる「これ」をお金にすることができないとか、そういう話になるわけですよ。そうじゃなくて、まったく違うことに出会って、まったく違う体験をし、まったく違う自分の可能性に気づく。そのときに、自分は縛られていない、自由なんだと感じる。本当の自由な自分。違う可能性に気づく瞬間っていうのは、たぶんそういうところにしか

起きないのかもしれない。

高橋 つまり逆に言うと、同質化の世界においては、何かに所属をしていて、そこが似たような人たちの集まりで、そこに自分の窮屈感、閉塞感、可能性の限界を感じ、みんな死んだ魚のような目をして不自由だと。そうさせているのはお金だと。確かにな。

新井 要は自分がこの年収を稼いで、いまの暮らしを維持するためには、この環境にいざるを得ないっていうロジックです。企業もバカじゃないから、そのロジックをつくり上げることによって維持しているっていうのがあるわけですよ。その仕組みから逃れられないようにしちゃっているので。そうじゃなくて、違う世界に行って、違う自分の可能性に気づくっていうことがあれば、自由なんだよね。

高橋 自由ですね。いまの大学生に聞くと、もうググることもしない。タグ付けだと。調べるのも面倒で、自分と同じ考え方のやつと接続して、自分と興味がかぶる情報だけが欲しいっていう。だから異質な世界に出会う機会は、ますますないんですよね。

新井　**効率を求めれば求めるほど、楽をしたければしたいほど、実は自分の可能性を見出せなくなっていく**。

高橋　それが、閉塞感を生み出していく。そういう意味で僕は、身近なところに姉がいたっていうのは大きかったんですかね。

新井　大きいんですよ。僕も母親が身体障害者だったから、結局それが自分たちにとっては当たり前だった。でも社会を見たら、それが当たり前ではない。つまり、違うものを排除しようとする圧力、ある種の同調圧力が、もう日常のいたるところで感じられる。この経験は大きいですよ。自分の価値観をつくっていくうえで。

だから、違わないことで自分自身を見失っているこの社会では、**もはや違うこと自体が素晴らしい**。違う人に出会うことによって、また自分の存在意義っていうものを気づかせてもらう。これを取り戻さないと、どんどん無機質化して、どんどん自分を見失っていく。

高橋 ノイローゼになっていく。自分探しで。そういうふうに異質な世界との出会いっていうのは人間を本来の意味での自由にするっていう考え方になったら、外国人との共生ももう少し上手にできるようになりますよね。

新井 できる、できる。

高橋 いまは外国人、移民が来る。よくわからない怖い連中だって、みんな恐れてますよね。

新井 結局それは、やっぱり知らないから。知らないと偏見や差別を生むから、知らないことによって同じ色眼鏡で人間は見るようになっていく。「ああいうことをやってる人だから、あの人はよくない人かもしれない」っていう偏見を生んでいくわけですよ。漠然とした恐怖、要は知らないことによる恐怖だから、それってもう悲しいことを生むだけ。

そうじゃなくて、みんなは共同体なんだと。つまり彼ら彼女らがいるからこそ、自分たちが存在する。個であり一体であるという**共同体感覚**[*13]っていうものを持たないといけない。それは、無理やりしなければならないという話じゃなくて、体感しさえすればいいんですよ。自分たちは自分ひとりでできあがっているものではないっていうことを、つまりこの共同体感覚というものを体感していくためには、つながるしか方法はないんです。

高橋 いいですね。つながることや体感するっていう話、僕の中で重なるんですよ、金融と食が。人が人を傷つけ人を収奪し、自然を傷つけ自然を収奪するっていうかたちから変わっていくためには、新井

＊13
『嫌われる勇気』（岸見一郎＋古賀史健、ダイヤモンド社、2013年）によると、「共同体感覚」とは、アドラー心理学におけるキーコンセプトであり、「他者を仲間だと見なし、そこに『自分の居場所がある』と感じられること」だという。それを体得するには、自分にしか関心のない自己中心的なあり方を、他者＝社会への関心へと切り替える必要がある。この考え方のユニークな点は、「共同体」が指すものとして、家庭や学校、職場、地域社会のみならず、国家や人類全体、さらには動植物や無生物までを含む、としているところだろう。この点は、このPart2以降の対話でフォーカスされる。

さんがおっしゃるように、**人間というのは自然との関わり、他人との関わりっていうのを取り戻さなきゃいけない**と思っています。

生産者って面白いんですよ。「あの田んぼはわしで、わしはあの田んぼや」と。漁師も「あの海は俺で、俺はあの海だ」って、切り離してないんですよ。あの野菜を食べて野菜が自分になる。食べるっていう行為を通じて環境が自分の中を通過しているという意識があるから、環境の悲鳴に対して他人事でいられないんですよ。いまはそこが完全に分断していて、ただの栄養補給で、食べ物がもともと自然が生み出した動植物だっていうのが見えなくなっている。**これだけ温暖化だ、環境の破壊だっていうのに他人事でいられるのは、知らないから、そしてつながっていないから。**自然と僕らの身体っていうのはつながっているっていう感覚を取り戻すっていうのが、その意味でも大事。

あと、意識で気持ちいいとか楽しいとか幸せだ、豊かだっていうのは実感できなくて、感覚が大事なんですよね。言語化できない感覚として、夕日でもなんでもいいんですよ。自然の移ろいが純粋に感覚として自分の中に流れ込んできて感動するみたいな、そういうのがいまないんですよね。それよりスマホで写真を撮ることに躍起になっている。僕は人間関係もそうだと思っていて、喜怒哀楽、五感と感動っていうのをシェアできる人がいたときに、ものすごく記憶に残る時間になっていく。それがいま他者とも分断、自然とも分断で、人も自然も傷つけるし。

だからいまこの瞬間の生を充実させていくっていう、それは本当にまさに僕が食べ物でやりたいし、まさに新井さんは金融でやろうとしている。やっぱりポイントは「関わり」ですね。

「いま」を犠牲にする社会から脱却するには

新井　都会は、不自然さに違和感を持たせなくする。本来、人間には感受性が備わっているので、感じるわけですよ。そして、不自然なものがあれば、それに違和感を持つ必要があって、じゃないと危険なものを食べたりしてしまう。でも、都会にいると不自然ななかで生きているから、不自然が普通になってしまう。不自然すぎる状態になっていると、不自然が当たり前になるので、自然がわからなくなる。要は感覚が鈍るっていうことですよね。**鈍ったまま判断をしつづけると、自分の不自然さがわからなくなる**。逆に、地域に行けば自然があるし、自然に触れていれば不自然さがわかるようになってくる。

この感性を取り戻さないといけない。さらに先に進むと、自分というものだってたくさんの細胞からできていて、自分が命令しているわけでもないのに生きているわけですよね。いちいち一個一個の細胞に命令をしているわけじゃない。細胞は日々生まれ変わっている。それを踏まえて、自分自身がいったい何なのか、何者なのかっていうことを考える力を持たないといけなくて、それが考えられるようになってくるとさらなる**共同体感覚、つまり自然と自分は一体である**っていうふうに思うようになっていく。

人間というものは、実はもっと自分自身を活かす方法があってなおかつ自分というものはすごいものであるということを考えられるはずにもかかわらず、自分を固定化し、狭い視野の中で限界をすぐ感じてしまう。それは、自分自身の偉大さに気づかないように気づかないように、社会システムができ上がってしまっているからです。**理由は単純です。型にはめて、同じ形になってくださいっていうほうがコントロールしやすかったから。**

でも人間っていうのは偉大で、もっと素晴らしい存在です。個々が輝く社会にしたほうが、社会は豊かになるに決まっている。でも、いまの社会システムはその個を論じることを危険なものだと思い、違いを認めずに、同調化してもらうことによってコントロールしやすくする。これが大企業病を生むし、大企業の人たちが病気になるっていう仕組みをつくる。

高橋　そうですよね。解像度がすごく上がってきた。

いまのお話を聞いていて思いついたんですけど、これまでの近代の日本の生き方というのは、未来の成長や豊かさのために、いま、今日というこの瞬間の生をある種、犠牲にするっていう生き方です。それが正当化できたのは、「いま」が貧しかったから。食えなかったから、今日家族と過ごす時間を犠牲にし、友だちと遊びに行きたい休日も犠牲にし、ときに自分の健康も犠牲にしながらがんばれば、明日は今日より食えるようになったじゃないですか。給料も上がっていったじゃないですか。

ところが**いまはもう、今日この瞬間の生を犠牲にする正当な理由がない**。だっておなかいっぱいだから。なのに、引き続き未来のために今日、馬車馬のようにがんばって働けって言われている。生きるリアリティの根拠を未来に先送りするような社会の中で、当然若い人が生きる実感、リアリティが湧かないのは当たり前で、そういうふうに仕向けているのはお金なんだなと。**いまを犠牲にしてしまうような生き方・働き方に人間を追い詰めているのは、貯められるというお金のあり方だと**。ところが、eumoはいま使わなきゃいけないんですよね。未来のためじゃないんですよ。いま自分が幸せになるために異質な世界に飛び込んで人に会いに行って、自然の中に入っていくっていう。生き方が変わりますよ、これは。

使えば使うほど関係性が生まれ、幸せになるお金へ

新井　生き方が変われば、幸せになっていく像が見える。だから**使えば使うほど幸せになるお金**っていうのは、僕は定義できるんじゃないかなって思って始めたんです。

高橋　確かに。いまを幸せに生きるために、他人と交わる、自然と交わる。それはアートだったり社交だったり愛だったりスポーツだったり農業だったりしますよね。これで幸せになる道ってそもそもお金もエネルギーも必要ないんですよね。つまり**有限な世界の中で持続可能な幸せをたぐり寄せる道につながる**。

新井　そう。

高橋　いま、モデルチェンジしてみんながあれを持っていて自分が持ってないのはいやだなと、あれを持つためにもっといっぱい働かなきゃいけないって強迫観念のようになっている。消費をあおればあおるほど環境は悪化していくし、人も疲弊していく。そこからeumoは脱却しますね。

新井　そう。だからeumoはお金っていう概念すら変えると僕は思っています。だって、**関係性をつくるためのツール**なんだから。

高橋　もはやお金じゃないですよね。

新井　お金じゃない。だから、そういう関係をつくるためのツールとしての概念があればいいだけであって、お金と呼ぶ必要もないね。eumoというだけでいいんだよね。だからeumoに共感する人たちにはこれを使えば会えるし、出会えるためのツールでしかなくて、さらにeumoを使う人たちがある種それを使うことによって生活をしていけるような状況まで持っていければ、幸せな社会はできると思っていて。

高橋 その世界に消費っていう言葉は成立しますか。

新井 消費っていう概念じゃなくなりますよね。

高橋 そうですよね。費やして消す。「費やして消す」と書いて「消費」ですよ。

新井 消費者っていう概念がなくなりますよね。

高橋 **人が生産したものを費やして消すんじゃなくて、人が生産したものを活かして生きる。**

新井 そう。つまり、生きるっていうことになるんだと思うんですよね。だから、当たり前なんだけど、生きたものを食べるということは、自分自身がまたそれをエネルギーにして「生かす／活かす」ことができる。

高橋　微生物でも昆虫でも大型動物でも、あるいは植物でも、およそ生物が生きるということは、食物を摂取し、消化し、排泄するサイクルを延々と繰り返していくことなんですよね。[*14] 生物が生きるということは、生物が働く存在であり、生活するものであるということ。そのために必要なのは、生活するのに必要な食物を認識する、つまり自己の延長として感じることに他ならない。つまり、食物は生物にとって身体の延長であり、生物の生命の延長が食物なんです。

　ということは、常に働かないといけない生物の生活とは、環境との同化であり、それはこの世界に生物が誕生して以来、生物に備わった主体性の発展ということになるわけです。**同じ生物である人間の生活にはいま、この主体性がない**。だから生きる実感が感じられない。

　eumoは、その生物の主体性を人間の暮らしに取り戻すチャレンジになる。つまり、

私たちが本当の意味で生活者になる。

新井　そうだね。

高橋　消費者じゃなくて、生活者。

新井　**消費者から生活者へ。**そのとおりだね。

高橋　いやあ、つながった！

＊14　『生物の世界』（今西錦司、講談社、1972年）参照。

Column

01

テクノロジーは何のためにあるのか

手段が目的化してしまい、間違った道に入り込んでしまう――。

本編でも大いに議論されていた「手段の目的化」は、特にテクノロジーにおいて起こりがちだ。

たとえば現在、テクノロジーが手段として使われているのか、目的になってしまっているのかについてもっとも顕著に考えさせられるのは、ブロックチェーンではないだろうか。

新井さんは、現在つくっている新しいお金「eumo（ユーモ）」で、ブロックチェーンを活用しようとしている。

しかし、「関係性をつくる」お金であるeumoは、テクノロジーにだけ頼った設計はされていない。

「専用のホームページがあります。それがお金と連動していて、決済後の体験記を書けるようにしてあるんです。結局、決済と連動して、お金における関

係性は終わるんだけど、人間としての関係性がこっちに記述される、というイメージです。お金の切れ目が縁の始まり、ってね」

まるで人の手でブロックチェーンを紡ぐような仕組み。「人力ブロックチェーン」とでも言おうか。

新井さんによると、キモは**「みんなが参加しやすい仕組みをまずはつくって、それからテクノロジーがサポートする」**。古臭く見えても、テクノロジーが目的になったものには、共感が集まらないのだという。

技術を前面に出さずに、「いい会社」に投資を行っている鎌倉投信にいた頃から変わらない、新井さんの姿勢だ。

では、そもそもテクノロジーとどのように向き合い、使えばいいのか。

「やっぱりテクノロジーはカートリッジみたいなもの、つまり変更できないといけないっていう感覚があります。ブロックチェーンをどこで使うべきなのか、ＩＣＯ*をすべきなのかといったことは、時代やテクノロジーの進化によって変わるもののはず。だから、変化していった際も変えられるっていうのはすごく大事。テクノロジーには依存しないようにしなければ、というのは正直いつも思っています」

こうした感覚でいるためにも、「何のためにその技術を追っかけているんだっけ」みたいなところが重要になる。手段の目的化の罠だ。

eumoは、記述された人の手による評価のチェーンが、価値を上乗せしていく仕組みをつくろうとしている。であれば、人の声をすくい上げられるのな

＊イニシャルコインオファリング：個人や企業、プロジェクトなどがトークンなどと呼ばれる独自の仮想通貨を発行し、それを投資家に販売して資金を集めること。

ら、技術はなんだっていいということになる。うまくサポートさえしてくれればいいのだ。

どんなにすごいテクノロジーであっても、**「もっとすごい技術ができたら、いつでも乗り換える」**という姿勢でいることが、本質を見失わずにテクノロジーを使いこなすことにつながるのである。

Part 2

新しい「市場」と、新しいつながり

地方と都市、つくり手と使い手の交わりから生まれる
これからの“マーケット”

ポケットマルシェは、農業や漁業など一次産業に携わる生産者と消費者を直接つなぐスマートフォン向けのアプリ。そのアプリを提供するベンチャー企業、株式会社ポケットマルシェの代表取締役CEOとして活躍するのが、高橋博之さんだ。岩手県議を2期務めた後、3.11の震災を機に世界でも例がない食材つき情報誌『東北食べる通信』を創刊。さらにはポケットマルシェを立ち上げ、都市の消費者と地方の生産者をつなぎつづけてきたユニークな経歴の人物であり、近年地方創生の文脈で頻出する「関係人口」という概念の提唱者でもある。

Part2では、そんな高橋さんに、新井さんが「都市と地方」、そして「消費者と生産者」について聞いていく。東京・六本木のeumo本社で行ったPart1とは打って変わって、秋田県南秋田郡五城目町の古民家で行われた対話は、共感が循環する「市場」について、深い議論となった。

（於　シェアビレッジ町村）

地域にあるのは、誰かのために生きるためのヒント

高橋　僕は、ずっと生産者を取材してきました。[*1]岩手の田舎出身ですが、僕も食べ物をつくる世界にいなかった。ある種、都会の人と同じ論理で生きてきたわけです。都会の人って、僕も含めて消費者でしかなくて、みんな割と**「点」**で生きている。自分の得になることしか考えていない。

でも、生産者ってすごいんです。亡くなったじいちゃん、ばあちゃんの話をするし、先祖の話、未来の孫子《まご》の話、そして動植物、森、海、山、川などの自然の話も。だから**「面」**なんですよ、あの人たち。あの人たちは面における自分っていうのをすごく意識していて、そこが個でしか生きられない都会の人と全然違うなと思っています。豊かな関わりに囲まれ、そこにこそ生きる意味があるなと思っていて。自分と先

＊1　高橋さんは、旬の食材とその生産者のストーリーが一緒に届く雑誌『東北食べる通信』を2013年に立ち上げ、2019年4月まで編集長を務めていた。自ら生産者のもとに通い、魂を込めて書かれた記事は、多くの人の心を動かしている。

祖の歴史、自分と子どもたちの未来、自分と地域社会、自分と自然みたいな、いろんな関わりが網の目のように張り巡らされた中で生きているんです。もちろん、関わることは面倒でもあるので、そこで生きる難しさ、窮屈さもあります。でも、生きる喜び、もっと言えば何のために生きているかを、言葉にはできなくても知っている。そんな人って、強いですよね。

新井　強いね。

高橋　**生きる目的っていうか、誰かのために生きている人は、やっぱり強い。**

新井　そうですね。自分だけのためじゃなくてね。

高橋　自分のために生きている人って、挫折すると立ち直るのが大変じゃないですか。だけど誰かのために、たとえば先祖から代々受け継いできた土、畑を未来につなぐためにっていう人たちは、強い。その理由はやっぱり点じゃなくて、幾重もの線からなる面で生きているからなんですよね。自分がやることすべてが意味あることにつながっている。

さらに言えば、毎日、小さな挫折の繰り返しの中で生きているからだと思うんですよ。都会のように予定調和とはならず、想定外のことも日々起こる。自分の思い通りにならない自然が相手ですからね。だから、台風で作物がやられても「しょーがねーな」って言って引きずらない。潔くあきらめ、すぐに立ち直る。なんて言うんですかね、無常観とでもいうか。見ていて、こっちまで背筋が伸びるんですよ。

新井　時間軸でいうと先祖から子孫までの縦のつながり、そして地域の横のつながりと、これが明確につながってくる。

高橋　そうです。だから、僕ら普通に都市生活を送る人間にとって、生産者の世界っていうのは異質な世界なんです。**異質な世界に出会ったとき、人はハッと気づく。**自分たちがどこかに置き忘れてきた大切なものがあるんじゃないか、日々忙しい、忙しいって言いながら、何かやってる気でいるんだけど、実は自分たちが日々やってることってそんなに大事なことなのか、みたいなことを問い直すきっかけをもらうんですよね。

たとえば、田舎でやってることは、生活なんですよね。衣食住に時間をかけている。だから地に足がついている。暮らしの主役の座にいるっていうか。生き物の原理って、やっぱり自らの生活に主体的に関わることなんですよ。昆虫だって、餌か毒かを見分け、餌という環境を口から取り込み自らの身体に統合することで世界と一体化している。それが生きるということ。

都市住民が大半の時間を使っているのは、仕事であって生活じゃない。暮らしの主役の座から退き、観客席に座っている。生きるリアリティから遠ざかるのも当たり前だと思います。

新井　自分たちが置き忘れてきた大切なもの、生きるリアリティがあるんだろうね。地域に。

予測できない真っ白な明日を生きていく

高橋　生きる意味っていうのは、生きる意味を問うぐらい、言わば余裕があるともいえるじゃないですか。だって、余裕がなかった戦後は生きる意味なんて問える人はいなかったはずだし。

新井　日々、食べるのも大変だったからね。

高橋　そうそう。もちろん貧困、食べられないっていうのがどれだけ苦しかったかっていうのは想像を絶することです。一方で、衣食住は足りましたけど、いまは生きることの意味に悩みもだえるような若い人たちも増えている。いまの時代はいまの時代で、昔にはない苦しさとかつらさっていうのが広がっているような感じがしませんか？

新井　そうですよね。生きる意味自体を問わざるを得なくなってきている。豊かになった反動として、じゃあ、自分たちは何のための存在なのかっていうことを考えさせられ、でも都会に出ていてもそれを解くキーみたいなものはない。「こっちかな」と考えて動いてみるんだけど見つからなくて、さまよってしまう。
　そういう人は地域に来ると違う角度からのヒントがあると思う。今回、秋田県に来て、すごく思いましたよね。菊地さん[*2]のご家庭を見ていて、子どもたちが幸せに育っている、いまを生きているなって感じました。子どもが、生きている。

高橋　キャリアアップも否定しませんけど、子どもたちの一番の宝って、真っ白な未来、何も決まっていない未来じゃないですか。だけど都会の子どもとかは塾だ、習い事だでスケジュール帳がどんどん埋まっていって、「お友だちが虫捕りに行くから僕も行きたい！」って言ったときに、「いや、今日は塾の予定があるから」と言われてしまう。それがかわいそうだなって思っていて。**時間を子どもたちが自由に使えない**。そのときやりたいって思ったことができない。つまり、いまを生きることができない。

未来のためにいまを手段にさせられている。生きそびれている。

菊地くんのところは、いましたいことを子どもたちが集中して楽しんで、意味もなくやりつづけているっていうのがいいなと思って。だって、その時間が豊かな人間性や創造力を育むわけで。

新井　この先何があるかって計算をして生きていく、つまり、自分のいま立っている場所、いまの社会環境、いまのルール、そういったものを前提にフォーキャスト（予測）して、じゃあ、明日これをやらなきゃいけない、明後日はこれをやらなきゃいけないっていう話に、都会だとなってしまう。

でも、地域に来るとそうじゃない。**何もないいなか、自分たちが真っ白なキャンバスの中で夢を思い描けて、それをバックキャスティングすることができる環境**っていうのは、やっぱり都会にはない魅力。何はともあれ、やっぱりいきいきしている。生きてるんだなあっていうのがわかる。

＊2
この対話の前日、ふたりは秋田県潟上市の「ファームガーデンたそがれ」を訪れた。園主の菊地晃生氏、そしてそのご家族と一緒に、畑で野菜を収穫し、収穫した食材を用いた食事をとった。
ファームガーデンたそがれについて：
http://tasogare.akita.jp/

高橋　生き物ですよね。

新井　生き物だからね。だから生命力を感じましたし、人間がもっと自然に生きられる何かを取り戻すっていうところを感じさせてくれました。

都市の「不自然」が奪うもの、コミュニケーションの効率化で失うもの

高橋　僕らのこの体も、自然のものじゃないですか。一方、都市というのは人工物であふれています。人間がつくれないものを自然、人間がつくれるものを人工物だとすると、人工物だらけの都市は不自然だということになる。そして、僕らはいまその中で生きているわけです。だから自然の体を、自然の中に持ってきてあげると気持ちいいって思うのは、僕は当たり前だと思っていて。もちろん普段は僕も都市にいますけど、1年中ずっとあの人工物の中にいて、生き物である僕らの体を、四角四面の中に置いて

予定調和の生活を続けていると、やっぱり生き物としての感覚も鈍る。

よく生産性を上げられていないから、国際競争力が下がっていると言う人がいますが、パソコンの前に座る時間を増やしてまなじりを決してやれば国際競争力が上がるっていうのは実にバカげています。むしろ、いまだ科学で解明できない世界が広がる自然の中に自分を放り込んで、自分の感覚とか野性みたいなものを解き放ったほうがいいんじゃないか。**だって、創造力や発想力、直感みたいなものっていうのは、心身ともに健康な身体から生まれてくるものだと思うんです。**決して頭からではない。

だから、僕はむしろ都会の人たちがときどき地方に足を運んで、感性や感覚を自由に解き放って、それで都会に戻っていったほうが、国際競争力は上がるんじゃないかって思うんです。

新井　間違いないですね。**会社の中の多くのロスは、コミュニケーションで起こっている。**結局、背中を合わせて座っているのに、メールでやり取り、なんてことが起こっちゃうわけですよ。

高橋　うち（ポケットマルシェ）もやってるな……。

新井　直接しゃべったらって思うわけです。

高橋　すぐ後ろにいるのにね。

新井　地方に来ると、しゃべることが中心じゃないですか。端末に向かっている時間より、誰かと話している時間が明らかに多い。**コミュニケーションの根本は、まさに誰かと話すことにある**。そして、人と人との間でコミュニケーションをとるときに、メールだと情報量は極端に落ちるわけです。たとえメールを書く技量が相当あったとしても、相手の表情はわからない。その人が怒っているかどうかもわからない。でも、会っていれば熱量も感じるし、体調がすぐれているのかすぐれていないのかもわかる。メールって文字だから、読み取れないいんだよね。僕たちは、それを普通に、不自然だとは思わずにやってしまう。

高橋　そうか。つまり、コミュニケーション手段はテクノロジーの進化に伴っていろいろ広がっている。遠隔の人とも会話できる。それももちろん悪いことではないと。地球の反対側の人とも会話できるし、いいことも多い。だけど、コミュニケーションのロスが起きている、と。それで、実は一番コミュニケーションロスが少なく、効率がいいコミュニケーションっていうのは相対。

新井　相対ですよ。

高橋　それはやっぱり僕らが生きているから、生き物だからっていうことですよね。五感を持っていて、**この五感を使って相手と信頼関係を結びながらコミュニケーションをするのが結局はロスが少ない**っていうことか。やっぱりリアルな場だ。

新井　そう！　その人が本当に困っているんだ、という表情をしていたら、助けたいってみんな思うでしょ。

高橋　メールからはわからないですよね。

新井　でも、目の前にいるにもかかわらず、メールでやりはじめてしまう。効率の名のもとに。それって結果的にロスがたくさん生まれる。地域がすべていいとは思わない。でも、地域は自然か不自然かを教えてくれると思うんだよね。

高橋　そうですね。だから僕も二項対立にするつもりは全然なくて、**いまの都市に欠けてしまっているものを補う視座を、地方からはもらえる**と考えています。逆にいうと、都市は確かに異質な世界ですが、窮屈で閉塞感の中にある地方をどうやって元気にしていくかっていうときに、やっぱり地方にも欠けているものはあって、地方の側も都市から学ぶことってあるんですよね。

会話でいうと、都会の飲み会ってわりとスマホを片手に飲んでいる人たちが多い。心ここにあらずみたいな感じで。目の前の会話をしつつ仕事をしたり他の友人とチャットしたりって、結構ありますよね。僕は話してるときにメールされたりすると、すごくいやな気持ちになっちゃうんですよね。

新井 ここに心がないからね。

高橋 だけど田舎って飲み会でスマホを見てる人の率は割と少なくて、その場にみんな集中して楽しんでるんですよね。その場の一期一会って二度とないじゃないですか。

新井 そうだね。**一期一会がなくなっているよね**。一期一会だと思ってないもんね。だから、忙しいっていうことを言うのが当たり前になっている。忙しく、つまり心をなくして（亡くして）生きてるじゃない。

高橋 不思議なんですよ。忙しい人の優越感っていうか……。「忙しいんだよね」って、それって全然優越でもなんでもねえぞっていう（笑）。なんなんですかね、あの日本人の忙しい人ほどがんばっていてすごい人、という空気。

新井　それっていまの働き方改革でいうと真逆なはずなんだけどね。本来はもっとゆとりを持って、自分たちがありたいように生きていくっていうことのために生きていればいいいんだけど、残業時間が減っているのに忙しいってどういうことだ、という話で。

高橋　飛行機や新幹線など高速交通手段が発達したり、メールにスマホと人の忙しさを緩和するためのものが生まれたりしているのに、結局、さらに忙しくなっているという。

いつから「目的」がないと何もできなくなったのか

高橋　いまポケットマルシェで働いている人のなかに、スペイン人がいるんです。休みの感覚が全然違って、僕らはもう三連休だけで「おお！　三連休だ！」みたいに喜びますが、彼らは夏の1か月2か月、バカンスで地方に行って、まさにそこで農作業なんかしながら英気を養ってまた戻ってくる。こういう時間を持つのって、日本の人は苦手ですよね。

新井　すごく苦手です。だから、地域に行って、たとえばここで1か月過ごしてくださいっていわれたら、過ごせないんだよ。日本人は。

高橋　目的がないとね。

新井　ない。だから、お盆休みでも何でも、里帰りします、おじいちゃんおばあちゃんに会いますという目的があるから行くけど、**目的がなかったら何をしていいかわからない**。これって豊かじゃないと思う。

高橋　本当ですね。なんでできないんですかね。

新井　やっぱり思考が、何かスケジュールがあるのが普通っていうふうに、トレーニングされちゃって、癖付けされているんだよね。これって、現代の本質的な問題だと思っていて。

高橋　惰性の回転ですよね。

新井　そう。それでやった気になっているという。

高橋　わかります。だから、子どもたちにすら意味と目的を問うて、「なんであんた、そんな虫ばっかかり集めてるの」「なんのためにやってるの」って聞いちゃう。こいつはしたいからやっている。それで十分じゃないですか。

新井　そう！

「生きている実感」から若者を遠ざけているものの正体

高橋　結局、**これまでの日本の戦後の生き方って、未来の成長のためにいまを犠牲にする、いまを手段にするというもの**だった。だから家族と過ごす時間だったり友人と釣りに行ったり、そういう時間を犠牲にして——あるいは自分の健康も犠牲にしながら——がんばっていた。昔は、いまを犠牲にする、手段にする正当な理由もあったと思うんです。貧しかったから、いまはがんばると。そうすれば、必ず次の給料が入るし、おなかいっぱい食べられるようになった。ところが現在は、みんな満腹になっていて、もはやいまを手段にする正当な理由がない。

若い人たちが、生きる実感がない、生きるリアリティみたいなものを感じられないってよく言うんですが、それもそうだよなと思う。生きるリアリティの根拠を未来に先送りするような社会が、ずっと続いているわけですから。

日本では、リストカットもすごく多いって聞くんですよね。僕、やったことのある女の子に聞いたことがあるんですけど、死ぬためにやってないって言うんですよ。バケツを置いて、ポタポタポタポタポタ血が落ちるのを見て、生きてる実感が湧くって言うんですよ。

生きてる実感から遠ざかるっていうことが起こるのは、もはやいまを犠牲にする正当な理由がないにもかかわらず、何かの目的や意味のために、いまを使えって言われているからです。そして、それができないやつ、つまり忙しくないやつはできないやつだ、と。時代が変わっているのに、日本のこれまでの生き方がいまだに続いていることに問題があるんじゃないのかなと思うんですよね。

新井 いま出てきた「犠牲」って言葉は、キーワードだと思う。現在って、この犠牲がすべての前提になっていて、それがうまくいかない状態になっている。たとえば、いまの時間を犠牲にして将来のためにという考え方もそうだし、自分の時間を犠牲にして会社にいてお給料をもらっている、というのもそう。

高橋　その言葉がおかしいですよね。

新井　おかしい。「自分たちは社会のために犠牲になっている」。こうした考え方は、NPOにもありがち。つまり、**犠牲を前提に仕組みを考えてしまっていないか**。どうしてここで犠牲っていうものが前提になるのかっていうと、やっぱり先ほど高橋さんが言っていた、戦後で復興していくためにそれをやらねばならなかった。

高橋　やりたくなくてもね。

新井　ずっと引きずってる。それを若い人たちは「違うよな」って感じてるんだろうな。

高橋　戦後は、理由なんて問う前にもう貧しかったわけで、おなかいっぱい食べたいっていうのはみなが思ったことでしょうから。ただ、いまやもう年間600万トン以上の食べ物を捨てて、これだけ飽食の時代のなかで、いまの自分の時間を犠牲にしてって言っても、若い人たちには響かない。

あと、子どもが「パパ、なんでその仕事してるの」って聞いたときに、「何言ってんだ。おまえたちのことを食わせるためじゃねえか」って、これほど夢のない返答はない。

新井　ないよね。

高橋　なんでもいいんですよ。ビンのキャップをつくる仕事でもなんでも、この仕事がいかに世の中の人のために役に立っているのかというのをしゃべってほしいじゃないですか。だって息子からしてみたら、「いや、俺らを食べさせるためにいやなことやるんだったら、おやじ、好きなことやれよ」っていう。

新井　自分たちの犠牲になっているっていう感覚を押しつけられたら、たまらないよね。

高橋　やっぱり犠牲っていう言葉に表れているように、つまり人間にとって一番大事なのは「いま」じゃないですか。いましか生きられないっていうか。過去は終わったことだし、未来はまだ来ていなくて、人間はいまこの瞬間しか生きられない。そう考えたときに、いまを犠牲にしない生き方っていうのは、単に刹那的になるっていうことじゃなくて、日々その瞬間瞬間を丁寧に積み重ねていくことだと思う。

それに地域（田舎）って、無目的でも対面で集まるじゃないですか。この**「人と人とが出会う」ことが大事**なんじゃないか。そうしてある場に集った人たちが、「ああ、わかる、わかる」って共感をしたり、「そうじゃないんじゃないか」っていう意見をぶつけ合ったり、「今日はすがすがしい天気ですね」と道すがら会話を交わしたり。**そんな血の通った相手とのコミュニケーションで、自分の中に直接入ってくる喜びや気持ち悪さ、違和感に、すごく生きてる感じがするんですよ。**

新井　いまを生きてる、そのことを感じるよね。会話の中で。

不確実性が増す時代だからこそ、「いまを生きる」

新井　なぜいまを犠牲にするのかを考えたときに、もうひとつあると思っています。それは、大企業に勤めていると、安心安全が当たり前で、明日っていうものが普通に存在すると思ってしまうから。だから、いまを殺してでも老後のためとか、子どもたちのためっていうことでがんばろうとしている。

でも、終身雇用もなくなり、何のために自分たちがやっているのかっていうのがわからなくなった時代がもうきている。じゃあ、本当に人生100年時代になったときに、その人たちはどういうふうに生きていったらいいのか、まさにさまよっている時代だと思うんですよね。そのときにキーワードになるのは、**「いまを生きる」**っていうことなんじゃないかな。

高橋　大賛成です。いまこの瞬間の自分の生を充実させる方法って、ひとりでマンションのソファに寝っ転がって、スマホで食べたいものを届けてもらって食べて……。これでいまその瞬間の自分の生が充実するかというと、しませんよね。そうじゃなくて、他者、目の前にいる相手との交歓、あとはやっぱり自然との交感、感じる、交わる。自然や他者と自分が関わり、交わり、感じることで、自分の生が充実していく、命が喜ぶ。やっぱり**「関わり」がないといまを充実させられない**。

そのときに大事なのは、人生の締め切り。自分の命っていうものと向き合うっていうことです。戦後、B級戦犯の人が留置場から裁判所に何回も裁判のために通い、最終的に死刑宣告をされて留置場に戻るときに、いつも通ってる道の何でもない風景の美しさが目に飛び込んできた、という話をどこかで読んだことがあります。川のせせらぎだったり花の美しさだったり、空の青さだったり、いつも視界に入ってたはずなのに、いきなりこの世界の美しさが流れ込んできたらしいんですよ。つまり、締め切りを設けられたとたんに、この世界の価値、素晴らしさに目を見開き、そこに自分自身を一体化させはじめる。締め切りがないと、死んだ魚のような目をして漫然と生きてしまう。生ける屍《しかばね》ですよね。そうすると、その美しさが入ってこないし、自然と交感できない。

あと、人もそうですよね。またこいつと会える、みたいな。だけどその明日は来ないかもしれないじゃないですか。この瞬間を大事にするっていうのは、やっぱりそのとき目の前にある二度とない自然と交感して他人と交歓するっていうことで、そういう生き方を考えてみると、たとえば農業であったり、アートであったり、スポーツであったり、社交であったりするのかもしれませんが、いずれにせよ大量に資源を収奪したり、大量のお金を貯めこんだりする必要のない生き方だなと思うんです。

新井 いらない。

高橋 いらないですよね。

新井 先ほど海外の人の休みの使い方について聞いていて思ったんですけど、日本人って

「完璧な刺激」っていうものにすごくとらわれている。

高橋　完璧とは？

新井　たとえば「きれいなものを見たい」とか、「行ったことのないところを見に行こう」とか、そういうことに対してすごく関心が高くて、スケジュールをたくさん埋めていくんだけど、海外の方々は**何も決まっていないところから何かが生まれることを楽しむ**。ここがもう明らかに違うんだよね。

高橋　違いますね。

新井　いまここから何かが生まれてくることを楽しむっていうのは、すごくゆるやかで、時間のかかるもの。それが豊かであるという感覚を、やっぱり日本人は取り戻さなきゃいけないんだと思う。

高橋　つまり**人生は思い通りにならないから楽しいんだ**と。

新井　そうそう。さっき言ってた、大企業の安定とか安心とか、そういったものによって自分たちは担保されてきたって思っているものが崩れて、はしごを外されていく時代になってきている。

高橋　思い通りにならないから楽しむ力、本当にないですよね。

僕も学生時代に南米やアジアへ海外旅行に行ったときに思ったんですけど、向こうっていろんなハプニング、たとえば事故が起きて電車が来ないとか、当たり前じゃないですか。あれにあたふたするのが日本人ですよね。全部予定を組んでいて、「どうすんのよ。明日から私の予定」と。だけど、そのハプニング自体を楽しんで、だったら明日はここに行くつもりだったけど変えちゃって、こっちに行ってみるか、みたいな。そういう楽しみ方ですよね。人生もそうです。

新井　そう。だから日本人ってすごくリスクが嫌いなの。不確実で不確定なものがすごくいやで不安で、それを毛嫌いする癖がついちゃってる。だけど、これは癖なんですよ。直すことができる。

就活での挫折、政治家、震災……『東北食べる通信』に至るまでの紆余曲折

高橋　よく高校とか大学で講演するけど、**質疑応答ですごく気になる質問が「じゃあ、どうすればいいか教えてください」ですね。**こうなるにはどうすればいいか教えてくれと。でも、僕はいつも、「いや、僕には答えられない」と言っています。こうすれば、ああなるっていう模範解答を求めること自体がもはやナンセンス。そんなもの100人いたら100通りなわけで、自分で考えるしかないじゃないですか。

僕にも、人生を思い通りにしようとしていた時代がありました。20代の頃ですが、やっぱり苦しかったんですよ。なぜなら思い通りにならなかったから。記者になりた

くて、新聞社を100回以上受けて、冗談抜きで全滅ですからね。やっぱり思い通りにならなくて苦しかったんですよね。

だけど**あるとき、人生は思い通りにならないっていうことを受け入れたんですよ。**人の力ではいかんともしがたい大きな流れがどうやらあるみたいだと。そこに身をゆだねる勇気を持とうと思った。そのとき、いま与えられた環境（立場）とご縁（人間関係）の中で、自分のいま一番したいことを全力でしようと思ったんですよ。

若いときは、10年後ああなるためにいまこうしないといけないとか考えていましたが、考えれば考えるほど思っていたスケジュールと現実が遠ざかっていくので、挫折感しかなかったんですよね。だけど、**いまを大事に生きると、結局どこかで全部つながっていく。**たとえば新聞記者を目指してみたり政治家を目指してみたり、今度は一次産業をやってみたり。表面だけ見てると脈絡のない人生だし、実際よくそう言われるんですけど、『東北食べる通信』をやるときに、この文章を書く力をどこで養ったかっていったら、まさに苦しかった20代のとき。新聞社を受験するために作文の練習を2年ぐらいやっていたんです。

新井　そうだったんですね。

高橋　『東北食べる通信』の事業を始めるときに、何のためにやるかっていう説明をしたり、共感した人たちにお客さんになってもらったり自分のチームの一員になってもらったりした、その説明する力をどこで養ったかって、議員時代に毎朝立ってしゃべってたことなんです。そのときに人に伝える力を養っていたので、僕からすると何も無駄なことはなかったんですよ。つまり、思い通りにしようっていうことをやめたとたんに、結果として思い通りになっているというか。

面白法人カヤックに学ぶ、思い通りにならないことを楽しむ力

新井　なんでもそうだけど、**決まった人生ってつまらないはずなのに、自分で決めていこうとするんだよね。**こうなりたい、こうしたい。でも、そうなってしまったらやっぱ

りつまらなくなってしまう。いろんなことが生じて、全然違うことが起こり、それを悲しい事実とするのか、楽しいイベントとするのか、それは本人の捉え方次第であって。でも、ちゃんといまを生きていないと、将来の価値にならない。これはすごく思う。いまを生きずに犠牲にしていると、消耗するだけだから、糧にはならないんだよね。

高橋　よくキャリアアップのために、10年後こうなるために、踏み台としてまずここに行きます、という人たちがいるじゃないですか。もちろん否定しませんが、その前に死んじゃったらどうするのかなって思うんですよ。だってその10年後のために、いまやりたくないことをするんでしょう?　立身出世が世の中で大きな価値になっていた時代ならわかるけど。いまはちょっとどうなのかなってすごく思うんですよね。

新井　僕、この間カヤック[*3]の仲間と話していたときに——だって面白法人だよ——、どうやって楽しいことをするのかと思って聞いたんです。そしたら、**「楽しめる人をつくる」**。要は、与えられる何かっていうのは組織上あって、それらはすべてやらなきゃいけないことでもあるわけです。じゃあどうするかと言えば、それを楽しめる人をつくる。それを聞いたときに、「あ、そういう発想だったら僕は受け入れられるな」って思ったんです。

つまり、楽しいことばかりじゃないじゃないですか。地域に来たって、楽しいことばかりじゃない。じゃあ、何を身につけなきゃいけないのかといったら、やっぱり楽しがる力を持たなきゃいけないんだなって。

高橋 そうですね。いまの日本に欠けている大きなものですね。

損得の計算をやめて、一期一会と向き合う

新井 **「これは俺の人生にとって損なのか、得なのか」と、やる前から計算してしまう。これで結果が伴うわけがない。**そうじゃなくて、

＊3
1998年の創業時から「面白法人」を名乗り、さまざまな事業を展開している会社。本社は鎌倉市。面白法人という「名乗り」には、
1．まずは、自分たちが面白がろう。
2．つぎに、周囲からも面白い人と言われよう。
3．そして、誰かの人生を面白くしよう。
の3つの想いが込められている。
カヤックについて：
https://www.kayac.com/

やっぱりそこに何かがあると思って、一期一会と思って向き合う。その向き合う力をつけるためには、ちょっといまの環境を放り出して、いまというものにフォーカスできる人になっていかなきゃいけない。

高橋　自分自身にとっていまからやろうとすることが、たとえ与えられた仕事であっても、自分の人生に損か得かという判断をどうしてできるのかが不思議なんですよね。まだ決まってないのが未来なんだから、役に立つかもしれないじゃないですか。

そうじゃなくて、損か得かわからないし、いままでやったことのない分野だけど、一応与えられたし、本気でやるかと。本気でやった失敗から学ぶことっていっぱいありますよね。どうせ失敗するんだったら本気でやってみろと。**本気じゃない失敗は不毛ですけど、本気でやった失敗って財産ですよね。**

新井　そうなんだよね。たとえば人生の成功者とか、これが成功だとかっていうものは、決めつけにすぎない。何が問題かっていうと、この決めつけているのが自分の軸じゃなくて他人の軸っていうところ。他人に評価されることを目的にした成功、いわゆる承認欲求のなかでの成功なんだよ。

高橋　わかる！　僕、政治家を辞めて事業を始めたとき、成功するステップみたいな資料が起業家の知人から送られてきて、「これ読め」って言われたんですよ。まず自分を語れと、共感者を集めろと。それを聞いて、なんかもう気持ち悪いと思って。結果的に、『東北食べる通信』も新しいことをやれたので、いろんなメディアから取り上げてもらえましたが、いろいろインタビュー受けてみて思ったんですよ。人間って過去を振り返るとみんな美化するなと。

新井　そうだね。

高橋　『東北食べる通信』を始めるときはどんな思いで始めたんですかって聞かれるんですけど、もはやそのときの本当の自分の気持ちって正直覚えてないんですよ。一生懸命日の前で起こることにぶつかってを繰り返していたら、気づけば始めていた、という感じでしたし。だけど、聞かれるとそれなりに答えちゃう。まさに最初からそれを狙って始めましたって。でもね、たまたまなんですよ。

何年か前、ある大学でベンチャー界隈で名だたる社長が月に1回来て講演するという授業があって、僕も呼ばれて行ったんですけど、冒頭でこう言ったんです。「いままで来た人たちがしゃべったのはほとんど嘘だぞ」。**人間っていうのは振り返ればいくらでもきれいにしゃべれるけど、実際はそうじゃなかったと思うんですよ。**そのときシャカリキになって、一生懸命その人たちは生きてたんだと思う。結果としてそうなったんですよ。たまたま。そうですよね。

新井　僕もそう思う。なぜかっていうと、たとえば『東北食べる通信』もそうだけど、『東北食べる通信』っていうのはこうだ」っていうのが最初から決まってるわけがないから。やっていくうちにそうなるだけであって、やっていった過程の中でいろんな人から影響を受けて、ああでもないこうでもないってやっていく間に、こうなっただけであって。最初に『東北食べる通信』がこうである、こういう存在である、世の中にこういう影響を与えるんだ、なんていうものがあるわけがない。

高橋 そうなんですよ。

新井 それって成功を決めつけているだけ。

高橋 そうですね。

新井 さっきの話に戻るんだけど、一期一会で、いま、シャカリキになって生きていくということをやった結果としてのものが存在するだけだよね。

高橋 そうです。たとえば、過去の人から学べることはいっぱいあるじゃないですか。それは哲学的な考え方であったり、歴史であったり。そこからは、この日本っていう社会の中で日本人が受け継いできた普遍的なメンタリティみたいなものが学べると思うんですね。同じ成功者に学ぶのでもそういうものならありだと思うんですけど、どうやって成功するかっていうことをたまたま成功した人から学んで、すぐに自分も成功するようにしようっていう思考は浅はかで安易だなって思うんですよね。

新井　そうだね。キャリアでも就職活動でもそうだけど、必ず聞かれるのが、「この業界は大丈夫でしょうか。残りますでしょうか。ＡＩの時代になっても平気でしょうか」。どうでもいいと思うんです、正直。波に乗りたい？　自分で波をつくってるわけじゃなければ、波がなくなったときに自分の価値は何も残らないんですよ。**どんなに斜陽産業でも、どんなに苦しい状況の中においても、必要とされたら残るんだよね。**じゃあ、どっちが価値があるかっていったときに、波に乗った人ってほとんど意味がなくて、そこにいただけになっちゃう。そこには、自分を生きるとかいまを生きるとか、そういう概念がないわけ。**職業なんかどうでもいいんです。そこで何を得るかが問題であって。**

高橋　自分の人生の糧にするような。

新井　そう。ＡＩに取って代わられないためには、一期一会ってすごく大切なこと。いま言ってた「俺はこれで成功した、儲けた」っていうのをパターン認識してもしかたがない。だって、パターン認識する力にかけては、ＡＩのほうがよっぽど優秀だから。パターンなんてものは、ＡＩのほうが先に計算して結果を出すんだから、将来的にはいらないいんだよね、そんな仕事は。

地域で「異質」に出会い、予定調和を崩す

高橋　なぜ予定調和、すなわち「こうすればああなる」っていう考え方の中にいると安心で、自分のいまを犠牲にすることもいとわなくなるのか。この問いに、都会的な問題の本質があると思うんです。いわば人工物というのは人間がコントロールするために

設計しているもの。人間がコントロールできないものがあれば効率も落ちてよくないというので、徹底的に自然を排除してつくられているのが都会。その中で生きていれば、すごく予定調和的な思考、「こうすればああなる」という考え方に染まってしまうのは当然です。

対して地方はどうか。都市に比べて、はるかに自然の残る田舎に帰ると、コントロールできないことが一気に増える。自然っていうのはやっぱり思い通りにならないし、都会より地方のほうが予期せぬことは起きやすい。だって道路だけ見ても都会はもうアスファルトで整備されていて転びようがないけど、地方ではちゃんと気にして歩いてないとヘビだって出るしね。

「こうすればああなる」っていうことじゃなくて、生き物として、言葉の世界にない感覚的なもので、突如異質なものに遭遇したときにどう対応するかっていうときに必要になるのは、もはや意識的な思考じゃないと思うんですよ。

新井　感じることだよね。

高橋　**感じること、感覚すること。**いまは、そのバランスが崩れていて、意識で考えることのほうが大きくなりすぎている。そうなると結局、「おまえ、ＡＩやロボットに勝てねえんだから」となる。**じゃあ人間だけができること、生き物だけができることっていうのは何かっていったら、共感する力だったり、想像する力だったりするじゃないですか。**

新井　どうも都会の人たち、たとえば行政もそうだし金融もそうだけど、最近会話していても左脳がでっかく見えるわけよ。

高橋　見えるんだ。

新井　見える。会話してるときに、「ああ、この人、左脳が発達しちゃって、右脳が小さくなってるな」とか見えて。

高橋　左脳が論理でしたっけね。

新井　そうそう。そうなってしまうと、「あ、この人の思考の限界っていうのはここにあるんだな」っていうのが見えてきちゃう。

高橋　僕と話してて、右脳だけに見えません？　大丈夫ですか？（笑）

新井　いやいや、右脳と左脳のバランスでいうと、高橋さんはバランスしてるよ。

高橋　そうですか。バランスしてる。それは嬉しいですね。

新井　といっても、僕だって左脳が発達しすぎたから、ちょっと右脳を大きく見せるようにパフォーマンスするっていうことを意識している。そうしないと左脳がでかく見えちゃいがちで。でも高橋さんは、バランスいいですよ。

高橋 僕自身について言えば、父が営林署っていって国有林を管理する現場の仕事をしていたことが大きいです。ガキの頃からいつも山に連れていかれていたし、雪崩に巻き込まれて死にかけたこともあるし。そして姉が障害者だったことも影響している。幼い頃の僕からすると、山も姉も、言葉が通じない異質な世界だったんですよ。そうすると意識で山と姉と向き合おうとしてもだめで。だから感覚、あるいは野性とか、そういう部分はその頃に養ったんだと思っています。

いずれにしても、都市と地方の比較でいえば、予定調和、ここですよね。**未来のためにいまこうすれば、ああなっていくんだっていう生き方を、これから先もするのかと。それで幸せになるのかと。**幸福。幸福の議論ですね。

新井 そうなんです。結局のところ、僕は何でもいいと思っていて。人は違っていいし、好きなものやワクワクするものもそれぞれ違っていていい。幸せな方向にさえ行ってくれれば、それでいいんです。だけど、日本は、10歳から39歳までの各年代の死因の第1位が自殺。これって、やっぱりおかしい。

女子高校生に突きつけられた「おとなとしての責務」

高橋　ちょうど先日、「全国高校生サミット」[*4]というのがたまたま岩手県であって、その最終日に行って話してきました。すると、質疑応答のときに女子高校生から言われたんですよ。「おとなが人生100年時代って言ってにぎやかにしてるけど、知ってますか？　10代、20代の自殺者の数を」って。「この社会で生きたくないっていう意思表示です」「生きたくなる社会にするほうが先じゃないんですか」と言われて。あ、前に新井さんが言ってたことそのままだと思って。

新井　そうなんだよ。

高橋　僕、責められたんだけど、「いや、僕もそう思うよ」と。そこですよね。

新井　そこです。結局、**世の中は結果が出ることを目的化しようとする**。つまり、自分の成果にならないものに関心が持てない。そんなふうに考えている人には、「生きたくないというのを改善しなければ」という発想も出てこないし、そんな術《すべ》も持っていないんだと思う。というか、その疑問自体がわからないんだと思うんです。生きることに苦しむ人たちが生きたくなるような社会にしなきゃいけないって言われても、考えられない。

実は、その**根底には、排除の論理が働いている**。結果を求めようとすると効率を求めるんですよね。効率を求めると面倒くさいものは排除するようになる。この国では、排除するという行為を、高度成長のために戦後からずっとやってきたんですよ。

だから障害者を排除する。そしていまは地域を排除するわけですよ。なくなるようなものはなくなったほうがいいから。

不確実なものはないほうがいいっていって、どんどん自然なものから自然でないものに切り替えていくことによって、効率を上げて、

＊4
2019年8月8日～10日に岩手県紫波郡紫波町で開催されたワークショップ。「ほんとうにわたしたちみんなを幸せにする地方創生ってなんだろう？　地方も都市も、日本中が豊かになる地方創生ってなんだろう？」というテーマで開催された。
高橋さんが女子高校生に何と答えたかについては、「おわりに」（219ページ）も見てほしい。

不確実性というものを排除する。そんなことをしていたら変わらないよ。自殺という問題は。

高橋　つまり、その延長線上にあるのは、これまでの生き方を、同じベクトルでよりブラッシュアップしようとしてる感じですよね。

新井　そう。そこには夢も希望もないよね。「なんで生きるんですか」と疑問に思ったときに、おとなを見て、「あ、この人たちみたいになりたくない」「この社会に自分はおとなとして出ていきたくもない」と思ったら、違う選択をしてしまう人だって出てきて当然です。これは幸せな国じゃないよね。

高橋　みんな違ってみんないいっていう、その話でいうと、**自然って何ひとつ同じものがないい**じゃないですか。

新井　ない。

高橋　僕、講演でよく言うんですよ。自分と同じ顔を、77億人の世界の中から探してこいって。似てるやつは3人ぐらいいるっていうけど、まったく同じ顔はないよねっていう。

いまの社会では、スーパーに行くと同じ形や大きさの野菜が並んでいます。**その背景には、不格好なものは規格外だっていって排除され、捨てられる野菜もあるということで、その理由は、バラバラなものだと効率が悪い、ただそれだけ。**戦後はおなかが空いていたので、質なんかどうでもよくて量だった。生産者の思いとかストーリーはノイズでしかなくて、腹を空かした国民のおなかを満たすにはとにかく同じものを大量につくれっていう。その時代だったらわかりますけど、いま、この飽食の時代に、バラバラなものは効率が悪いんだといって同じことをしつづけるっていうのはどうなのか。

人間もそうじゃないですか。規格化できるわけがない。ポケットマルシェのCOO

は初代ミスター東大のイケメンですが、イケメンしかモテない世の中ほどつまらない世の中ない。いろんなやつがいていいはずで、人間外見じゃない、中身だっていう女の子もいるわけです。

人間が四角四面の規格にどんどんはまっていったら、そりゃやっぱり窮屈で、窒息しそうになりますよ。引きこもりの知り合いの中に、人間であることを放棄しないために引きこもってるという人もいます。だっていまの社会に出たら……。

新井　規格に押し込まれてね。

高橋　そう。自分の生を放棄しなきゃいけないじゃないですか。

新井　「規格外ですね」って言われないようにするためにね。

「市場」の副作用

新井　ちょうど規格という話と、効率という話が出ましたが、そこで問わなければならないのは、**市場というものがどういう副産物、副作用をもたらしたのか**ということです。

規格というものに合わないと、存在自体が排除される。**規格に合わないことこそ自然界では当たり前なのに、市場では不自然なものを並べはじめるわけじゃないですか。**

「こんなに同じ形の野菜がそろいつづけるって不自然だ」って考える力を持たなきゃいけないのに、考えさせないようにしている。スーパーマーケットに行っても同じものがそろっている。「切り身が泳ぐ」じゃないけど、それしか見たことがないっていう状態をつくってしまう。

それによって、自分が不自然であるっていうことに気づけない社会が、都会にはもうできあがってしまっている。それって市場がもたらしてしまった副産物、副作用だと思うんですが、どうでしょう。

高橋　市場っていうのは、物不足の時代に衣食住をあまねく提供するときに、それなりに役に立ったところもあると思います。だけど、この物余りの時代にいまだにマーケットが主舞台になってしまっていることに、自然は悲鳴をあげている。だって、マーケットを相手にするといろんな農薬をまくような農法になってしまうし、それに違和感を持ったとしてもマーケットが安くてきれいな食材を求めてるのだから仕方ないや、となってしまう。結果、自然は疲弊していく。これって、さっきの子どもたちが疲弊していて、「こんな社会で生きたくない」と憤っているのと一緒の話だと思うんですよ。ものすごく不自然なことをしているので、自然も、自然の一部である人間も壊れつづけているっていうのは、マーケットの罪なところです。

いままでの生産と消費っていうのは、いまのマーケットから生まれてきたんでしょうけど、ＡＩがいろんなものを効率よくつくるこれからの生産を考えると、意外とチャンスだと僕は思っています。つまり、人間とは何かが問われる。

分業分業で効率性だけ追求していると、もっと効率的なものが生まれたら取って代わられるのは当たり前で。要は**人間の仕事が簡単に機械に取って代わられるような分業の仕方をしちゃったんですよね**。

それを踏まえて、AIにできないことで人間にできることは何だって考えるんです。その点で僕が百姓を面白いと思っているのは、100の仕事をするところ、いろんなことを総合的にやるところで、それはロボットには苦手なこと。

これは百姓以外にも広げられて、**ひとりの人間が自分の人間関係だとか地域の中で総合的にいまの自分の立ち位置を決めて、やれることを想像し、創造していくことがミソなんです**。いかに唯一無二をつくれるか。これって、部分最適のロボット的思考ではなかなかできないことだと思うんですよね。生産の意味ですよ。これまでの生産とこれからの生産。（Part1でも出てきた）**生産者の復権**にもつながることだと思います。

「規格外」だからおいしい、を共感で流通させる

新井 やっぱりつくる人たちは知ってるわけですよね。つまり、規格外のものが存在し、それこそが自然であることを。規格外だからって、それがおいしくないなんて誰も言ってないわけですよ。

高橋 言ってない。

新井 むしろそのほうがおいしい、というものも存在するはず。つまり、形や数がそろわないから市場に出せない。形や数がそろわないから、おいしいんだけど、市場に出せず自分たちで食べてしまう。

でも、いまはネット社会なので、つながることはできるじゃないですか。ポケット

マルシェもそうだけど、直接つながることによって生産者を信頼し、そこから送られてくるものは安心安全であると信じられる。**生産者と消費者が直接つながることによって信頼関係が生まれ、そうすると数の少ないもの、不ぞろいなもの、本当においしいもの、そういったものが提供できる状態になる。**

僕らのeumoも、そうありたいなと思っています。たとえば、常連さんに出す、数は少ないけどすごく旨いものがあるとして、でもそれは数が少ないからメニューには載せられない。僕らの感覚でいうと、これって市場なんですよ。市場はメニュー。常連のやつは、数は1本しかないとか、お酒が1本しかないとか……。

高橋 **安定供給できない**ものですよね。

新井 そう。

高橋 それでいいんですよね。

新井　そう、それでいいの。でも常連さんはそれを喜ぶじゃないですか。それじゃないかなと思って。要は常連に出す……。

高橋　嬉しいやつだ。

新井　そう。数は限られてるけど、実はこれが一番旨いんだっていうのが存在してる。これは市場メカニズムがフォローできないもので、そこをカバーするものを高橋さんはもうつくっているし、僕はお金でそれを循環させることができれば、つくっている人も、お客さんも喜ぶわけじゃないですか。

高橋　いまの話を聞いて思い出した話があります。福島県の自然栽培の野菜セットを購入していた東京の人から、震災後、石川県でオーガニックで野菜をつくって売っている僕の知り合いに電話がかかってきたっていうんですよ。「福島があんなことになって、あそこのものはもう買えないから、お宅の野菜を買わせろ」「みんなの値段の倍を払ってやるから、売れ」と。そしたらその知り合いは、「何様だ」って怒ったらしいんですよ。「おまえ、なんでそんなに偉いんだ」と。

倍の金出すっていうかもしれないけど、日頃から野菜の値段が暴落したときも買いつづけてくれてるお客さんたちが、支えてくれるお客さんがいるんだと。そっちが優先なのが当たり前だろうと。「倍どころか10倍出されてもおまえには売らねえ」って電話切ってやったって。そうですよね。人の関係っていうのは。

被災地の認知症患者に学んだ「役割」の重要性

新井　僕は**関係性の再構築をするべき**だと思っています。支え合う深い関係性があるからこそ、人間は幸せになっていける。そのときに、「あ、自分はいていいんだ。ここにあっていいんだ」っていう確認ができるんだと思うんだよね。

高橋　震災直後の大船渡で、こんなことがありました。認知症の人たちがいる施設での話です。津波が来てその周りが水没して、みんな高台にあるその施設に逃げ込んだらしいんですね。当初、認知症の人たちはみんな個室にいたままで、被災者の人たちに、そっちに行かないように注意していた。施設の人は、そこを開放してしまうと認知症の方々が混乱するから、と考えていたんです。

でも、あまりにも多くの被災者がなだれこんできて、しっちゃかめっちゃかになったらしいんですよ。そしたら何が起きたか。娘を亡くして取り乱してしまった若いお母さんを、誰も鎮められずにいたときに、ある認知症のおばあさんが歩いていって、「ようし、ようし」って、その母親を鎮めたらしいんですよ。自分の娘を思い出したみたいに、「大丈夫だ、大丈夫だ」っていって。普通の人たちは何もできなかった。いわゆる健常者たちは。

まだあります。火がないから火を起こさなきゃいけない、でもガスも止まったし、ライターも何もないぞ、というときに、今度は認知症のおじいちゃんが出てきた。俺に任せろと。

つまり、この人たちは普段は介護の対象、極端な言い方をすれば、お世話しないと生活ができない人として扱われていたんだけど、いろんな困ってる人が出てきた瞬間に必要とされたんですよね。自分は役に立つと。

いま、老人は老人、障害者は障害者、子どもは子どもと、みんな同じ形をしたものが集められてしまっている。しかも、子どもはこうあるべきみたいな規格まである。だから、引っ掛かりようがないんですね。いろんな形のピースをひとつの箱の中に入れてしまえば、パズルのように必ず自分に合うピースが見つかるはずなのに、同じ形だけ入れてしまったら、はまる相手は見つからないですよね。

だから、僕も関係性っていうのが一番大事だと思っています。これまで、分断に次ぐ分断だった。つまり近代の効率化っていうもののなかで人間と自然も分断されてきたし、人と人も分断されてきたし、それをさらにいま同時性解消とか言われてますけど、間に人が入っているとコストだから、人を介さずに物やサービスの受け渡しをするとかっていろいろと始まってるじゃないですか。それも否定しませんが、これからの時代で幸せを考えたときに、**関わりをどうこの社会に取り戻していくか**っていうことが重要かなと。これが、いま一番やりたいことですね。

そう考えたときに**「間」**っていう概念も大事ですよね。僕と新井さんの間とか、自然と僕の間とか。この間っていうのはどっちかを取るっていうことではない。西洋って「間」がないので、あなたか私か、自然か人間か、みたいな、どっちかを取るってなりがちです。だけど日本の面白いところは、間があるんですね。どっちかを取るということをしない。

新井 人間だからね。人の間なんだよね。

高橋 そうです。関わりです。それを社会の中に取り戻していくことが、さっきの女子高校生に対する返答というか、宣言というか。まずそういう社会をつくるぞと。そうすれば、「そんな社会だったら、もうちょっと長く生きていてもいいかな」っていう気になってくれると思うんですよね。

新井　**間にフォーカスすれば、基本的には対立構造っていうものは生まれないんですよ。**なぜかと言ったら、そこの間に存在しているのはあなたでもなく自分でもないものだから。でも、自分とあなたってなった瞬間に、壁をつくり対立が生まれるんですよ。

高橋　そうなんです。

新井　これからは共同体感覚の時代なので、**お互いが交わる場所があって、お互いが当事者になれる場所が必要になる。**その場所が、僕は「間」だと思っていて、あなたもこの間の当事者だし、自分も当事者であるっていう、お互いが当事者になったときには争いなんて起こらないんです。責めることもしない。それは自分だから。やっぱり人間は自分を自分自身で責めないので。

この間にフォーカスするっていうことがすごく重要で、これが関係性の再構築なのかなと思っています。人間関係、それが良好であるっていうことが幸せの根源なので。だからこそ、**僕は本当に素晴らしい人たちに出会ってもらうことが人生を豊かにする**

ことだと思っている。

これは、とりもなおさず、自分もそうだったから。金融マンとしてずっとやってきたけれども、何が幸せだったかと言えば、素晴らしい人に出会ったことですよ。

いい会社は、規格外の野菜と一緒

高橋 新井さんにとっては、元法政大学の坂本光司先生がある意味恩師だったんですよね。

新井 そうです。僕は『日本でいちばん大切にしたい会社』[*5]という本を読んで、衝撃が走ったわけですよ。だって、僕の母親は身体障害者だけれども、障害者を50年以上雇っている会社があるんだと書いてある。その衝撃といったら。その瞬間まで、僕にとっては売り買いの対象だったんです。会社というものは。株の売り買いだから、物だった。でも、あの瞬間から、命あるものに変わったんだよね。

高橋　会社が。

新井　そう。だから、**人と同じで会社も「血が通っているんだ」**って思うわけです。それは大きかった。でも、こうした会社は、市場を通して見ると、規格外なわけです。

高橋　ある意味、規格外の会社が、あの本にはたくさん並んでいたと。

新井　そう。市場の論理の中では排除されていた野菜と一緒です。だから、**いい会社は規格外の野菜とまったく一緒なんです。市場が評価できない**。

高橋　僕も、あるところで坂本先生にご縁をいただいて、この前ポケットマルシェのオフィスにいらしてくださったんですよ。ゼミ生を10人くらい連れてきて。それで1時間半くらいお話ししたんですが、

＊5　『日本でいちばん大切にしたい会社』（坂本光司、あさ出版、2008年）は、社員の幸せを考えつづけて48年間（当時）増収増益を続けている伊那食品工業、障害者がほめられて役に立つ環境をつくる日本理化学工業など、坂本光司氏が6000社以上のフィールドワークから見つけ出した「日本でいちばん大切にしたい会社」を紹介して大きな反響を生んだ。第6弾まで刊行されているシリーズの累計発行部数は70万部超。なお新井さんは、鎌倉投信起業時、坂本氏のゼミで共同研究をしていたこともある。

坂本先生の話していることにものすごく共感し、坂本先生もめちゃくちゃ気に入ってくれて。「何か困ってることがあったら全部助けてやるから。おまえみたいな会社はなんとかしなきゃだめだ」とまで言ってくれました。

新井　坂本先生、熱いからね（笑）。

共感は人と人の「間」から生まれる

高橋　「間」ってやっぱり面白いですね。新井さんと話しているなかで立ち現れる自分って、やっぱりいるんですよ。この対話の中で認識できる自分っていうか。それが「間」ですよね。つまり**自分の中に生きる意味を見出そうと思っても、見つからない**っていうことなんですよね。

新井　そう！

高橋　生きる意味って、自分の中に見出そうとしても、やっぱりないんですよね。どこを探しても。

新井　人は、生きる意味を探そうとすると、自分にフォーカスしはじめます。だけど、**自分にフォーカスしはじめると、人間って幸せになりにくい。だって、完璧な人間なんていないから。**

高橋　いませんね。

新井　どうしても悪いところにフォーカスしていっちゃう。欠点とかね。でも、**「間」にできあがるものってお互いでつくるものだから、自分自身じゃない部分がある。**そうしたときに自分という器の中ではできないことが、この「間」ではできるし、存在しうるわけですよ。
だからその「間」を育てることができるかどうかはすごく重要なんだけれども、人間関係の大半がSNSになってしまったいまの社会の中でここを育めるかっていうと、違うんだよね。背中合わせでメールでやり取りしちゃうっていうのも、同じ根っこの問題です。
「間」を育むために必要な時間とか環境とかって、僕は地域にすごく存在していると見ている。これが昔は面倒くさかったんだよね。いちいち関与してくるから。でもそれって本当の関係性じゃないんじゃないかなって。

高橋　わかります。固定化した、本当の関係性じゃないですね。

新井　ないよね。だから本当の関係性を再構築しにいく社会に変えていかないといけないなってすごく思っていて、そのために実は高橋さんも僕らも挑戦しているんじゃないかな。

高橋　**働きかけ、働きかけられる、動き、動かされるっていう、この相互作用の複雑系がまるっと「生きる」っていうこと**だとしたら、地域にはこれを感じやすい環境がありますよね。あくまでも相互作用。

新井　相互作用ですね。お互いでつくり上げていくものだから。そのときに共鳴している感覚が出てくるわけですよ。

僕、鎌倉投信を立ち上げて以降、もっと言えば坂本先生の本に出会ってからずっと、そこだなと思っています。

ある種、お金を出すっていう行為は「私の代わりにやってくれ」なんですよね。そういうイメージがある。要は、「私はそれをやってこなかったし、私にはそれができないけど、私があなただったらそれをやる」なんだよ。私がもしその分野やその業界のその立ち位置でやるんだったら、私もそうするだろうっていうのが共感だし、それにお金を投じるっていうこと自体はすごくイメージがしやすかった。それ以外ないよなって確信が持てた。

高橋　そうか。ということは、やっぱり話は「間」にいくんですけど……。

新井　そう。「間」だね。

高橋　**共感を生むには「間」がないとだめですね。**

新井　ないとだめ。

高橋　むしろ「間」に共感は育まれる。**その共感を育んでいる「間」を生むためには、まず知ってつながらないとだめですよね。**

新井　そのとおり。

つくり手と使い手がつながることがもたらすインパクト

高橋　僕らの暮らしは誰かがつくったモノやサービスで成り立っている。でも大量生産、大量消費の果てに、生産と消費は深く分断され、異様な世界になってしまった。そこに共感は生まれない。分断を乗り越えるには、知ってつながることが最初の一歩になる。これだけ情報があふれているのに、その機会がない。同質化、ＳＮＳ、異質な世界に出会わない世界。**知らないと分断して排除にかかる**。

でも不思議ですね。これだけＳＮＳが発達している一方で、外国人をいまだに移民じゃないっていって体よく使おうとしているじゃないですか。ここにも分断があるし、生産者と消費者や、障害者と健常者の間にも分断があるし、ドナルド・トランプみたいに思い通りにならない連中は力づくでねじ伏せろ、というのも「間」がない発想ですよね。共感を生む余地もない。

新井　違うっていうことで壁をつくる。その壁をつくることによって自分を守ろうとする。これはもう真逆で、本来はつながって、相手も実は自分とある種共同体である。つまり、**「あの人は、私の代わりにこういうことをやってくれている」と。本当の分業ってそうじゃないかな。**

高橋　敬い合うっていうことですよね。

新井　そう。

高橋　昔の部族社会ってそれが見えてたっていうことですよね。こいつは狩猟に行ってくるやつ、こいつは屋根をつくるやつ。だからお互いに敬い合うことができたのが、この部族社会が極度に拡大したいまは、もはや自分の暮らしにあるものを誰がつくっているのかもわからないので、敬い合えない。それをもう一回、**いまのグローバル社会のなかで部族社会みたいなことを、テクノロジーも活用しながらやる**っていうことですよね。eumoもそうですよね。

新井　そう。もう一回つくり直さなきゃいけないんだけど、再構築する方向がこの「間」、関係性につながってなきゃいけないよね。

高橋　なるほど。**つまりマーケットを介さずに、つくり手と使い手が直接つながり、出会い、思い合うみたいな関係を取り戻していくっていう。**

新井　ええ。その関係性は、いまのテクノロジーによって再構築できる。市場っていうものの自体がつくり上げた効率化の弊害や排除といったものから脱却し、関係性によって人は幸せになっていくことができる。幸せになっていくための関係性を再構築するべきだし、壁を取り払うことによって、本当に相手を敬う行為が可能になり、自分の存在自体を認めてもらうっていう行為も可能になる。

高橋　実際、みんなが消費者である一方で、何らかのモノやサービスを生み出す生産者なんですよね。消費者として生産者を買いたたいていると、今度は自分が生産者として消費者に買いたたかれる。この悪循環を断つには、両者が顔の見える関係でつながることですよね。

新井　つまり、**全員が当事者なんです**。全員がつくる人であり、全員がそれを享受する人であると。そうなると、利益相反とか利害関係なんて生まれない。なぜならば、自分だからです。

02

都市と地方をかきまぜて、関係人口を増やす

「関係人口」という言葉を知っているだろうか。

ここ数年、地方創生の文脈で登場しはじめ、自治体でも使われるようになった概念だ。総務省が開設した「地域への新しい入口『関係人口』ポータルサイト」なるホームページによると、次のように定義されている（http://www.soumu.go.jp/kankeijinkou/）。

「関係人口」とは、移住した「定住人口」でもなく、観光に来た「交流人口」でもない、地域や地域の人々と多様に関わる人々のことを指します。

実はこの「関係人口」を提唱した人物こそ、高橋博之さんに他ならない。この考え方にいたった背景を高橋さんはこう語る。

「震災後の被災地で、はたと気づいたんですよ。震災で被害を受けたのは、その前から行き詰まっていた沿岸部の漁村集落で、そこにいる人たちの力だけ

では、到底再生なんて不可能だと誰もが思った。だけど、そこに『都会のよそ者』が現れた。被災者の暮らしや生業を立て直すために、まるで自分のことのようにして、自分が持っている知見や技術、ネットワーク、体力、時間、お金を使って関わりを持ちつづける都市住民が生まれたんですよ」

高橋さんは、実際に被災地で見たこの光景から、関係人口の考え方に思い至ったという。

「確かに定住人口は減りました。でも、その地域に暮らす人の現状に思いを馳せ、未来を案じ、継続的に関わりを持ちつづける人、つまり関係人口は震災後にぐんと増えている。もちろん、沿岸部の人口は1万人とか、2万人とかしかいないし、これからも減っていく傾向は変わらない。でも、同じく人口の減っていく内陸部の人口10万人の花巻市と比べると、関係人口は増えているんです。しかもこの関係人口の中身を見ると、わざわざその遠く離れた地域に関わりを持ちつづけているような主体的・能動的に動く人たちが多く、常に自分にできる役割を探している。この関係人口を第二住民として見たとき、花巻市とどちらに未来があるのか」

高橋さんが始めた『東北食べる通信』も、現在取り組んでいるポケットマルシェも、都市に暮らす人が、農家や漁師とつながっていくことができるメディア（媒体）といえる。つまり高橋さんの取り組みはいずれも、食を通じて、都市と地方をかきまぜて、関係人口を増やすための装置なのだ。

「都会のよそ者」を増やす。これは、まさに新井さんが新しいお金eumoで目指しているものそのものだ。日本全国各地の地域に寄り添い、新しい価値を生み出している人、会社、場所に、「よそ者」が共感し、訪問するためのツールが、eumoなのだから。

それゆえ、新井さんがデザインした新しいお金eumoは、「現地に行かないと使えない」「決済時にご縁がつながる」「地域を豊かにするものにしか使えない」という特徴を持つ。お金というツールを媒介に、人と人、人と地域がつながる。都市に暮らしながら、地域と関わっていくことが可能になる。「地域と人に寄り添うお金」で新井さんが生み出そうとしているのは、「都会のよそ者」といえるだろう。そしてこの取り組みは、結果として「関係人口」を増やしていくことになるはずだ。

都市と地方をかきまぜる。高橋さんの著書*のタイトルにもなっているこの言葉において、食とお金、別々に歩んできたふたりの歩みは重なっている。

＊『都市と地方をかきまぜる』（高橋博之、光文社、2016年）参照。

Part 3

新しい「資本」と、新しい幸せ

共感資本社会に生きる人だけが知っている
本当の“豊かさ”

「お金」で社会を変えていく新井和宏さん。

「食」で社会を変えていく高橋博之さん。

ふたりは最後に、共感資本社会を生きることで得られる、単なる経済的な意味を超えた「豊かさ」について語りはじめた。

果たして共感資本社会は、本当に実現することができるのか。そんな社会で暮らし、働き、生きていくために私たちには何が必要なのか。そのヒントを、ぜひふたりの対話から見つけてほしい。

（於　シェアビレッジ町村）

お金の切れ目が縁の始まりに

新井　不便なところに大切なものが宿ると思っています。ここ[*1]も便利なところとは言えないじゃないですか。でもわざわざここまで来てくれたっていうことに感謝してくれる。わざわざここに来てくれてありがとう、みたいな。それ、都会にはないよね。

高橋　ないですね。ありがたがられ方が違いますよね。

新井　共感って、たとえば一方的に、「この野菜をつくっていて素晴らしいです。それを食べさせてくれてありがとう」という使う側の生活者たちの思いだけではだめで、「ああ、こんなところまで来てくれてありがとう。代わりに収穫までしてくれてありがとう」という

＊1　秋田県南秋田郡五城目町にある、築135年の茅葺古民家「シェアビレッジ町村」。Part2とPart3の対話は、ここで行われた。
シェアビレッジ町村について：
https://sharevillage.jp/machimura

生産者たちの思い、それがないと共感にはならない。一方的じゃないですよね。**強い共感というのは、お互いがお互いを尊重、リスペクトする関係性から生まれてくる**っていうのは強く感じているところです。そういう関係性は、買ってもらうとか、お金を出す、決済する、物を渡すっていう行為に、いままで存在しなかったと思う。

それを僕はeumoでつくりたくて、お金の切れ目が人間関係の始まりになる。お金の切れ目が縁の切れ目じゃなくて、**お金の切れ目が縁の始まりになる**。そういうお金ってあったら楽しいんだろうなと思っていて。高橋さんとの対話を通して、「ああ、確かに関係性だな」って、関係性にフォーカスしていく、つまり関係性を強めるために何か活動していくっていうことがいままさに必要なんだと気づきました。

「海は自分で、自分は海」
——すべてが自分ごとになる世界へ

高橋　僕も新井さんとの対話を自分なりに整理していて、ストンと落ちたんですよ。**僕が**

農家と漁師から一番学んだのは、自然とのつながりなんです。たとえば漁師の中には、死ぬときは海で死ぬ、亡骸も見つかりたくないっていう漁師がいるんですよ。彼らって、あの海は自分で、自分はあの海だっていう感覚を持っている。農家も、あの田んぼはわしで、わしはあの田んぼや、みたいなことを言う。

新井　つながっているんですね。

高橋　結局、食べ物を食べるとその食べ物が自分の体になり、動植物の分子が口から摂取されることによって体の老朽化した分子と入れ替わり、ウンチとして出てくる。だから3日前の体とは、微妙に分子が入れ替わっていて違うし、1年も経てばまったく別人になる。[*2] つまり**食べるっていう行為を通じて環境が自分の体を通過しているんです。**そう考えると、**環境を考えるっていうことは自分の体を考えることだし、自分の子どもの健康を考えるっていうことは環境を考**

＊2
『動的平衡――生命はなぜそこに宿るのか』（福岡伸一、木楽舎、２００９年）参照。
この動的平衡という考えに関連して、高橋さんは生物多様性の重要性について、このように語ってくれた。「人類を生かす地球環境というネットワークの結節点に位置する数百万種にも及ぶ生物は、食ったり食われながら絶え間なく元素を受け渡している。生物多様性の価値は、そのネットワークの強靭さと回復力を支えていることにある。つまり人類のために生物多様性は必要なんです。これはそのまま、多様なほうがいろんなリスクに対応できるしなやかな世界だという話にもつながり、Ｐａｒｔ１で議論した多様な社会のほうがいい理由とつながります」

えることと一致する。

ところが、ここがいま分断されている。スマホの充電や車のガソリン給油みたいに、単なる栄養補給のみを目的とするような工業的食事が広がっていますが、それだと自分が普段食べている食べ物の「産みの親」である自然が地方にあって、そこにいる「育ての親」が汗水たらしてつくっているということが見えないし、感じられない。だから、つくり手の疲弊も他人事になり、当事者意識を持てない。しかも、自然からできたもので自分の体ができているという関係性も見えなくなり、自然の悲鳴も耳に入らない。環境と自分はつながっているのに、そこを切り離すから、自分とは何かを探してノイローゼになる。自分なんてないんですよ。

新井さんと話していて、これは食べ物だけじゃなくて、人においてもそうなんだなって思ったんですよ。この人がいるからいまの自分の暮らしが成り立っている。逆に自分が大工だったら、こいつの家は俺がつくったとか、俺がいるからこいつの暮らしができてるっていう状態。もはや分断がなくて、もう地続きですね。そうなると、その人の喜びや悲しみを我がことのように感じられる関係性が生まれる。一体化というか、もう自分がないっていうか、**関わりの中で自然や他者と共感して、いまの自分の生がものすごく充実して幸福になっていく**っていう。

そういう生き方は、自分自身の生をこれ以上搾取したり、あるいは途上国や自然を搾取したりということがなくても、実現できるはず。そう考えると、まさに関係性が共感資本の大本であるとわかります。**いままでの市場経済のマーケットメカニズムでは、その共感資本をむしろ見えなくしていくような力学が働いていたんだな、**と気づかされます。新井さんがつくろうとしているeumoという新しいお金は、その共感資本というものをこの社会に取り戻すひとつの手段ということなんですよね。

新井　そう、手段なんだよね。お金は目的化しちゃいけないから。目的化すると分断を招いてしまう。分断することによって効率は上がっていくし、関係性を見せないことによって、ある種消費者が毛嫌いすること自体も見せないで済む。**どこまでも他人事で済むし、痛みも感じない世界**。

でも、地域に来て、つくっている人と出会い、「畑と自分は一緒である」「海と自分は一緒である」と聞かされると、すべてが逆転する。この言葉ひとつ理解するだけでも、搾取がなくなるんだよね。自分だから。

高橋 そう！　だから、環境の異変ももう自分が痛いですよね。

新井 うん、痛いんだよ。

高橋 他人事じゃないから。

新井 そう、自分だから。

高橋 ここまで環境異変に鈍感でいられるのは、自分じゃないからなんですよね。

新井 自分じゃない。他人事なんだよ。

「間」で交わされる対話から、共感資本が生まれる

高橋　他者も一緒ですね。食べ物をつくっている地方の人が苦しんでいるのを傍観していられるのは、自分じゃないと思っているから。だけど、本当はつながっている。そうすると一気に他人じゃなくなって、地方の人の痛みは自分の痛みになる。逆に、喜びは自分の喜びになるし。

新井　だから、いわゆる社会関係資本とも言えるけど、真のつながりを育んでいくっていうことはすごく大事で、そのときにどうしても地域をつなげなきゃいけない、絡めなきゃいけない。そう僕が思っていた理由が、いまわかりました。人、地域、自然の３つすべてが大事なんですね。

これまで議論してきたとおり、**人と人との関係性だけじゃなくて、人と自然との関**

係性もそこには存在していて、その「間」には対話があるじゃないですか。

高橋　ありますね。

新井　それは、都会じゃ見えないんですよ。

高橋　地域は自然もあるし、あとは他者と「おかげさまです」の関係を結びやすいですからね。

新井　そう。というのは、**やはりコミュニティが存在しているから、分業が明確に見えるし、「ありがとう」「おたがいさま」でともに生きていくことができる。**地域には、こういうメカニズムそのものが存在していて、社会関係資本が豊かなんだよね。この関係性というものを、多くの人たちはしがらみだと思っていたりする。

しがらみを超えて
――新しい関係性を地域からつくる

高橋　そのしがらみについて、最後に聞いてみたいです。自然との関係性や他者との関係性は、やっぱり面倒じゃないですか。なぜかというと、自然も他人も自分ではないという前提に立つと、思い通りにならない。だから思い通りにならない世界は面倒だって都会に行くと、自然もないし近所づきあいもないし、「ああ、自由だ」ってやってきたじゃないですか。

でも、**この面倒なものにこそ、自分自身の「生」を主体的に生きることだったり幸福を育む源泉があったりっていうことに気づきはじめている**。ただ、これって面倒だって言って自分たちが一度捨てた価値じゃないですか。それをもう一回取り戻すときに、昔のままのものでいいのか。Ｐａｒｔ２で新井さんが、昔の田舎って本当の関係性だったのかって言ってましたが。確かに固定されたなかで役割も限定され、それを強要されていたっていうこともあっただろうし。

そうではなくて**自分自身で選び取るっていうことなんですかね。自分の役割を。**

新井 そうです。というのは、たとえば会社でもそうで、日本的経営っていうのは素晴らしかった。でも、そこに残念なかたちが生まれる。なぜかといったら年功序列という仕組みによって、新聞を読んでいるだけで年収1000万円もらう窓際のおじさんが生まれてくる。当然、いらないじゃんって思うわけですよ、若い人から見れば。

そうしたおかしいものを欧米化によって排除することができた。だけど、欧米化によって結果が出ないものはすべて排除してしまったから、それで犠牲になったものをもう一回取り戻そうとしているのがいまだと思う。

それと同じように、地域で年功や既得権で生まれてきてしまっているものは一回捨てなきゃだめなんだと思うんです。ぐるっと一周回ってスパイラルアップしなきゃいけない。もう一度再構築して、本当に大切にしたい関係性っていうものをつくり上げることが、会社にもいま求められているし、地域でも同じなんだと思う。だからまさに、**しがらみじゃない関係性の再構築**っていうのが重要なんじゃないかな。

高橋　しがらみじゃなくて、つながりか。

新井　つながりだね。つながり。

「豊かだけど幸せじゃない」に気づけるかどうか

高橋　なぜ面倒なのか、自分の中で整理できてきました。戦後、自然との関わりや他者との関わりは面倒だっていうふうにみんなが思うようになったのは、物がない時代では、物を得るという目的のためにいまを手段にする生き方がもてはやされていた、つまり質より量が求められていたので、思い通りにコントロールできない関わりはむしろ余計なもので、面倒なものだったんですね。他者と関われば、物を得るために必要なお金を稼ぐ時間がなくなるから、余計なことには首をつっこまない。お節介も焼かない。だけどいまは時代も変わり、自分自身の「生」の実感とか幸せっていうものが大きなテーマになってきた。面白法人カヤックのお話でもありましたが、**異質な世界に出会ったときに、そことの関わりを、その面倒くささも含めて面白がれる力が必要に**なってきた。予定調和じゃないことが起きたときに、「いやだな」じゃなくて、「おっと、そうきたか」「考えてもいなかったけど、どうしようかな」と面白がれる力が、実はこの時代に幸福とか生きるリアリティを感じるうえで大事な要素なんですね。

新井　まさにそのとおり。というのは、本当にいままでの仕組みは答えありきで、その「正しい答え」に乗っかっていれば安心安全で、自分の気持ちを保てていたんだよね。それで将来が見えたわけですよ。でも、それが見えない時代になっちゃった。つまり、GDPも限界がきて、人口が減っていくなかで、自分たちの幸せや豊かさってどこにあったんだろうかってさまよいはじめた。でも、早く気づいたほうがいいんだよね。何にかかっていったら、日本は先進国になって豊かになったんだよね。**豊かになったん**

だけど、幸せじゃないんだ。

高橋　ですね。

新井　だから、幸せにフォーカスしていいんだっていうことに気づくべきなんだよね。自分がどう生きたら幸せなのか。

高橋　ところが、いま幸せになれていないのはまだ経済が足りないからだって議論するんですよ。

新井　経済は十分なんだよ。

高橋　そうですよね。そこなんだよな。

新井　お金があればっていうふうになるように、社会システムが構築されてしまっている。要は消費を喚起することによってのみ成り立つとみんな思い込んでいるから、消費を喚起することに社会全体がフォーカスしてしまっている。

高橋　でもその喚起する行為自体が、人の分断を生む。

新井　そう。それでそこに人々がエネルギーを注げば注ぐほど、結果としてみんなが幸せじゃない方向に行ってしまう。それはそうだよね。だって、いらないものをつくりつづけたって、それで幸せになるわけがなくて。

見ていて違和感を覚えるのが、お金依存症の人たちが東京に多すぎるということ。そういう人たちは、お金ですべて解決しなきゃいけない状態を自分でつくりつづけて、自分が苦しくなるように苦しくなるようにやっていくんですよ。「いや、お金ってそんなに何でもかんでも助けてくれます?」って僕は聞きたくなる。そうじゃなくて、もし自分が食うのに困っていたら周りに助けてくれるやつがいる、だから生きていけるっていうほうがよっぽど安心だし、幸せなんだと思う。

でも、なぜか都会にいる人たちはお金を持っていれば全部解決してくれると思い込んでしまっている。年金の2000万円問題じゃないけど、どこまで稼いでも足らないような社会システムをみんながつくろうとする。もっと持ってなきゃだめだ、もっと持ってなきゃだめだって。それは**お金で解決しなくてもいいことをお金で解決しようとするから**なんだよね。地域に行けば、当然ながら収入は都会よりもかなり下がる。少ないところは半分ぐらいかもしれない。でも、その分助け合おうとするよね。

高橋 もちろん。

新井 お金はないけど、物ならある。

高橋 そうなんですよ。だから岩手も東京の所得の半分ですけど、仮に目指せ東京で所得が倍増して東京並みになったときに、いま岩手でやっているような地域の相互扶助やおすそ分けやお祭りがなくなっていくことになる。

新井　なくなるよね。

高橋　困りごとは全部お金で業者に頼んで、あるいは税金で行政に任せて解決するといった方向になっちゃって。お祭りや郷土芸能みたいな楽しみも自分たちで創造するんじゃなくて、デパートで買うようになる。

新井　関係性はどんどん失われていくよね。

高橋　そうなんですよね。

新井　だから本当に目指さなきゃいけないのは、昔あった所得倍増計画の延長線上にあるような話じゃなくて、関係性を大切に育める環境づくり。それによって自分たちが関係性を構築すればするほど豊かになって、幸せになっていくっていうことが実感できる仕組みがあればいい。

だからeumoとしても、**お金を新しく創造したいっていうよりは、関係性にフォーカスしたいだけで、そのツールとしてわかりやすいのがお金なだけなんですよね**。そうしたら、「あ、じゃあ、これお金になるのね」みたいになってくれればそれでよくて。だって幸せになるためには人間関係が大事だって、75年も研究したハーバード・メディカル・スクールも言っているわけじゃない。じゃあ、そこを目指すにあたって、まだその関係性が残っているのが地域なだけで。

高橋　かろうじてね。

新井　かろうじてでも、そこにあるなら。それと、その関係性の延長線上に畑や海があって、それも自分なんだと、つながっているんだと思う。そう感じられたときにすべての壁が取れて、世界は平和になるんだと思う。

どんな社会で生きていくかは、自分で選べる

新井　日本ほど、先進国で自然災害の多い国ってないんですよ。

高橋　そうですね。たしかに。

新井　それを乗り越えるためにともに生きていく共生とか、共助とか、そういったものが生まれてきた。コントロールできない自然っていうものをもっとも感じている国民だからこそできることっていうのは存在していて、そこって日本が世界において存在している意義を見出せる重要なポイントだと思うんですよ。

ということは、日本から共感資本社会のようなものを世界に発信していくことはまさに必要なことだと思っていて、その最終的な方向っていうのは、**すべての人たちが**

生きがいを持って、いきいきと、日々ワクワクしながら生きることに尽きる。そうなったときに、たとえば自殺の問題とか、多くの問題は結果的に解決していくんじゃないか。その姿を世界が見たときに、「あ、日本のこのやり方っていうのは世界に必要だ」って言ってもらえるんじゃないかな。

高橋 その生き方は、なおかつ、人類のいま一番大きな課題である温暖化やさまざまな環境問題を解決する入口になりますよね。

新井 そう。なぜならば、自分だからだよね。つながっているから。

高橋 日本から発信すべき価値ですね。共感資本と、その価値は。

新井 社会っていうのは誰かがつくってるものじゃない。自分たちは社会の一部なんだよね。だからこそ、どこかで何かが生まれてくるとか、ソリューションが提供されるとか、そんな他人事にするんじゃなくて、やっぱり自らが新しい社会をつくっていってほしい。「共感」は、そのうえで大きな力になると思う。

高橋　テクノロジーの話でも、どういう社会に生きるのかっていうことを僕ら自身が想像して、そこに向かって、「じゃあ、こういうテクノロジーを使っていこうぜ」「このテクノロジーは使えるけど、使うのをやめようぜ」っていう、その取捨選択をしていけるかどうかっていうことがすごく大事だと思いますね。

新井　**決められた何かの社会に従うんじゃなくて、自らがその社会システムをつくっていく人になってほしい。**もう従うのはやめよう。社会システムに従う、お金に従う、そんな奴隷はもういらない。そこまで奴隷にならなきゃいけないような日本ではもうないんだよ。

高橋　できるんだよね。

新井　いますぐにでも、できる。

高橋　意志だけでね。

新井　そう。できる。じゃあ、みんな動こうよって。動いたら、必ず自分が幸せになれるコミュニティや関係性っていうのを構築できる。

高橋　それが実現したら、もはや誰かの、何かの奴隷ではなく、自らが人生の主役になり、自分の魂の指揮者になってくるんですよね。

新井　そうなったときに、「ああ、よく生きたな」って人は思うんだと思う。

高橋　それこそ自殺する人も減る。

新井　だから早くやらなきゃいけないことじゃないかなと思う。もうこれが手遅れになる前に、この10年で成し遂げる必要があるんじゃないかなっていうのはすごく思っていて。

高橋　その最後の結論は、寸分たがわずに共感です。僕もそれをやりたい。

新井　やりたいですね。一緒につくり上げましょう。

高橋　新井さんはお金を変えて、僕は食を変える。ぜひ、やっていきましょう！

03

共感資本社会を生きる人は、国境の壁を越えて成長できる

『東北食べる通信』。

毎号、雑誌と食材がセットで届く、非常にユニークなメディアだ。これを3・11の震災後に立ち上げたのが、高橋博之さんだ。

旬の食材とそこにあるストーリーがまとめられた雑誌で、都市と地方をつなぐ。その素晴らしい仕組みは大きな共感を生み、リーグ制（食べる通信リーグ）というのれん分けシステムで日本全国に広がっていった。

だが、「食べる通信」のアイデアと「仕組み」は、日本にとどまらず、実は国境を越えて広がっている。すでに台湾でも4誌が展開中だし、韓国でも始まろうとしているという。

なぜ、日本のローカルから始まった取り組みが、やすやすと国境や言葉の壁を越えていけるのか。ここに「共感」の力を見出すことができる。以下、高橋さんが語った、台湾で立ち上がったときのエピソードだ。

「きっかけは、台湾のおばちゃんです。台湾も昔震災があったじゃないですか。そのときに台湾でも都市と地方の分断っていう問題に気づいた人たちがいて、なんとかその分断を乗り越えようとしていたんですね。

一方、同じく震災を契機に、都市と地方の分断を共感で結ぶという取り組み（食べる通信のこと）を僕がやっていた。すると、たまたま僕が最初に書いた本『だから、ぼくは農家をスターにする』が台湾語に翻訳されて、それを読んだ台湾のおばちゃんがどうしても僕を呼ぶって言って、企業さんをまわって渡航費まで集めてくれて。

実際に僕が行ったとき、『台湾食べる通信』やろうっていってすごく集客もしてくれたんです。それで共感の輪が台湾でも広がって、いまは4か所で展開されています」

海外展開と聞くと、現地調査を重ねて、ニーズを吸い上げ、製品やサービスをつくり、マーケティングをして……というのが「ふつう」だろう。異なる文化に、コンセプトを伝えるだけでも難しい。事前準備なしに国境という名の壁を越えるのは至難の業だ。

しかし、「食べる通信」は、その「壁」を共感ひとつで乗り越えてしまった。みなが課題として持っているものに対して、本質的で、かつ共感される解決策を提示することで、国境を越えて受け入れられていく。

これは、新井和宏さんが鎌倉投信時代に「いい会社」として投資してきた会社にも当てはまる。

たとえば、日本環境設計株式会社という、リサイクルベンチャー。衣類に含まれる綿からはバイオエタノールをつくり、ポリエステルは再び石油由来と同価格同品質のポリエステルに「戻す」技術（ケミカルリサイクル）と、消費者を巻き込んだ仕組みで、いまや世界中から引っ張りだこの会社だ。*

だが日本環境設計は、技術と仕組みだけで広がっているわけではない。地球温暖化、地下資源の争奪、廃プラスチックの問題……世界中で議論とされている課題の解決策を、「地下資源の搾取ではなく地上資源の循環を」というメッセージとともに提示することで、アパレルメーカーをはじめとした生産者と消費者の双方に大きな共感を生み、世界へと広がっていっているのだ。

共感資本社会を生きる人には、国境は関係ない。少なくとも、壁として立ちはだかることはない。人であればどこでも誰とでもワクワクすることが始められるし、会社やプロジェクトであれば「食べる通信」や日本環境設計と同じように、世界中に共感の輪を生み出し、求められることで広げていくことができるだろう。

*『「捨てない未来」はこのビジネスから生まれる』（岩元美智彦、ダイヤモンド社、2015年）参照。

おわりに

「共感資本社会」で見つけた新しい〝幸福論〟

高橋博之

2019年8月、僕は「全国高校生サミット」に講師として呼ばれ、1時間半話をした。その後の質疑応答で、ある女子高校生からこう問われた。

「人生100年時代がやってくるっておとなたちは言うけど、高橋さんは10代の自殺者の数、知ってますか？　まずは、若者たちが絶望して死にたくなる社会を変えるほうが先なんじゃないですか？」

彼女の表情は厳しかった。僕も同じ問題意識を持っていたけれど、こうして当事者である18歳の高校生から面と向かって問われると、その言葉はずしりと心にのしかかった。そして、なんだかおとな代表として責められている気持ちになった。僕は彼女に言った。

「気持ちはわかる。でも、おとなのせいにして文句を言っているだけじゃ何も変わらない。君もまさにその当事者として、そんな若者たちが死にたくなる社会を変える側に回ってほしい」

そして、最後にある約束をした。

「これは、日本がどこかに置き忘れてきてしまった〝幸せとは何か〟という重い宿題だと思う。是非、一緒に考えてほしい。僕も考える。そして、僕なりの答えを社会に示したいと思う」

新井和宏さんと昨年（2018年）に出会ってから、顔を合わせる度に必ず話していたのは、まさに「幸せとは何か？」だった。

そして、その鍵を握るのは「お金」だろう、とも。いまの日本は、人間がお金の奴隷になってしまっている。まるでお金のために生きているようで、目指していたはずの幸せからどんどん遠ざかっている。お金に縛られない自由な生き方こそが、人間にとって本当に幸せな生き方なんじゃないだろうか。

こんな具合にいつも意気投合しながら、〝目指す社会〟や〝新しい生き方〟について語り合った。そのときのキーワードが、この本を通して議論してきた共感であり、「共感資本社会」であることは、ここまで読んでくださった読者には、もう伝わっていることだろう。

そのふたりの共振を見抜き、対談本をつくらないかとダイヤモンド社の廣畑達也さんから持ちかけられたとき、僕の頭をよぎったのはあの女子高生との約束だった。

この本は、彼女から投げかけられた問いへの僕なりの解答でもある。

文部科学省が発表した2018年度の小中高生の自殺者数は過去最多で、この30年間増加の一途にある。

このことを、8月に横浜で開催された第7回アフリカ開発会議（TICAD7）で講演させてもらった際、僕は日本が抱える深刻な問題として取り上げた。

すると講演後、貧困問題に長年取り組んでいるというアフリカ人がやってきて、「衝撃を受けた。アフリカではまだまだ生きたくても、食べ物がなくて餓死する子どもがたくさんいる。日本ではこんなに食べ物があふれているのになぜ子どもが自殺するのか。信じられない」と興奮気味に語りかけてきた。

また、僕の後に講演したアフリカ開発銀行総裁は「アフリカはまだまだ貧しい。悲しいことも、苦しいことも、つらいこともたくさんある。それでも、アフリカの人々は目の前の1日を笑顔で楽しく生きている。アフリカは幸福を世界に輸出できる」と訴えた。

なるほど、アフリカでは生と死が隣り合わせということもあり、生きていること自体に感謝できるのだろう。今日1日を生きること、たとえば仲間と会話することだったり、家族と食事することだったりの当たり前の日常に幸せを感じることができる。他者との交歓や自然との交感によって、いまある自分の「生」を直接に充溢させていく。

一方、日本では、未来に置かれた目的のために、いまある自分の「生」を手段にする、つまり生きるリアリティの根拠を先送りするような生き方が礼賛されてきた。子どもの世界で言えば、それは幼少期からの受験競争である。衣食住が満ち足り、これだけ物質的に豊かになった世の中で、引き続きそんなふうに生きることが求められている子どもや若者は、明らかに生きそびれているように見える。いまある自分の「生」そのものに生きるリアリティの根拠を求めたいのに、それを求めること自体が許されない社会は、彼ら彼女らにとってはもはや絶望でしかないだろう。

人間は本来、いましか生きられない。過去は終わっているし、未来はまだ始まっていない。だから、いまある自分の「生」を直接に充溢させていく先にこそ、人間の幸せがあるのだ。

しかし、なぜだろう。日本でこの幸福論を持ち出すと、だいたい決まって言われることがある。おまえは牧歌的だな、と。

いまから12年前の2007年、当時、岩手県議会議員だった僕は6月定例県議会の一般質問に登壇し、県政運営に「幸福度指標」を導入するように知事に求めた。その質問に対し、先輩議員たちから飛んできたヤジも「何を牧歌的なこと言ってるんだ！」であった。

高度経済成長期が終わった後の「波しぶき」のようなものなのだろうか。県議会に限らずどこでも、幸福の議論をすると、たいていこういう反応が返ってくるのだった。経済は豊かになった。しかし多くの人が首を傾げて生きている。これが豊かな社会なのか、幸せな人生なのかと。そして決まってこういう結論に到達する――まだ経済の豊かさが足りないからだ、だからもっと経済をがんばろう、と。日本はそれを空念仏のように唱えつづけてきた。

しかしここ数年、風向きが少しずつ変わってきていると感じる。

その変化を感じるきっかけとなる出来事があった。元ウルグアイ大統領のホセ・ムヒカ氏が3年前に来日したとき、フジテレビの番組のインタビューに応じた。いまの日本社会をどう思うかと問われ、ムヒカ氏は穏やかな表情で答えた。

「幸せとは物を買うことだと勘違いしている。幸せは人間のように命あるものからしかもらえないんだ。物は幸せにしてくれない。私はシンプルなんだよ。無駄遣いしたりいろんな物を買い込むのは好きじゃないんだ。そのほうが時間が残せると思うから。もっと自由だからだよ。なぜ自由か？　あまり消費しないことで大量に購入した物の支払いに追われ、必死に仕事をする必要がないからさ」

このインタビューの一部始終をスマホで撮影していたある人がＦａｃｅｂｏｏｋに投稿したところ、なんと８万６０００人が「いいね！」を押し、４万８０００人がシェアをした。有名人でもなければ大量のフォロワーがいたわけでもない。そんな〝一般人〟が、レディー・ガガもびっくりの驚異的な数字を叩き出したのである。それだけ多くの日本人が共感したのだ。

そして今年２０１９年の春、東北の知人から河北新報のデジタル記事が送られてきた。12年前に岩手県議会で、ある議員が提案した幸福度指標を、岩手県がこの先の10年のビジョンを示す新総合計画の柱に据えることを決めた、という内容だった。

あのとき僕の質問をはぐらかした知事も、「幸福を守り育てる県政」を前面に押し出すと意気込んでいるらしい。
僕の岩手県議会への置き土産である、あの牧歌的だとヤジられた幸福議論が県政のど真ん中に座ったのだ。

多くの人はもう気づきはじめている。
いまのままではいけないと。
でも、どう行動していいのかわからない。
だから、一歩が踏み出せない。
そして、日常に流されつづける。
そんな人たちの背中を、この本が押すことができれば幸せである。

株式会社ポケットマルシェ　代表取締役ＣＥＯ　高橋博之

台風19号の被災地に生まれた共感の「輪」

高橋博之

２０１９年10月。台風19号が東日本を中心に大きな爪痕を残した。宮城、福島、長野、栃木の被災地を回り、復旧作業に追われる生産者のところを訪ねながら、改めて思ったことがある。

こういうときこそ、生産者と消費者の連帯の力を発揮するときだと。

この重荷を生産者だけに負わせてはならないと。

東日本大震災のときも、絶望のどん底から立ち上がろうとする生産者の背中を押したのは消費者だった。食べ物をつくる人あっての僕たち消費者。僕たち食べる人あっての生産者。片方だけでは成り立たない。両方あってはじめて成り立つ。被災地で顔と顔を合わせ、ともに汗を流した生産者と消費者は、そんな当たり前のことに気づかされた。

生産者と消費者のこの関係性は、大量生産・大量消費の社会の中では分断されてきたものだ。生産と消費の距離は大きく開き、もはや自分が食べる物を誰がつくっているのかわからない、自分がつくっている物を誰が食べるのかわからない、という状況であった。その結果、生産者と消費者はお互いに敬い合うどころか、牽制すべき相手になっていた。

新井さんとの対話でも繰り返し議論したことだが、こうした分断は「知らないこと」に起因する。

だから、生産者と消費者が直接つながることで、本来あるべき〝お互い様の関係〟を見える化しなければならないと思った。まず知る。そしてつながる。**生産者と消費者が、都市と地方が、それぞれの強みでそれぞれの弱みを補い合う《連帯する社**

会》をつくる。それが、僕が東北の被災地から掲げた旗だった。

生産者と消費者のつながりは、いざというときに大きな力となる。自分とつながっているのだから、もはや他人事じゃない。共感する、すなわち相手の悲しみを我が痛みと感じることができれば、心が揺さぶられる。黙っていられなくなる。当事者として動き出す。自然災害が多発する時代だからこそ、日常からそんなつながりを日本中に広げていきたい。

そんな思いから、「食べる通信」とポケットマルシェは生まれ、これまで6年間取り組んできた。

台風19号は各地で猛威をふるい、生産者が手塩にかけて育ててきた作物と、先祖から受け継ぎ、耕してきた畑を瞬く間に飲み込んでしまった。生産者は絶望に打ちひしがれながらも、なんとか気力を振り絞り、立ち上がろうともがいている。

彼らを孤独にしてはならない。こういうときこそ、僕たち消費者の出番である。**日頃、僕たちの食卓を支えてくれている生産者が窮地に追い込まれているのだから、今**

度は僕たちが生産者を支えるときではないだろうか。

ただし、そんな説教じみたことをわざわざ僕に言われなくても、顔が見える関係でつながっていれば、困っている生産者をほっとけなくなることを、僕は知っている。なぜなら、ポケットマルシェ（ポケマル）ではそれが常に起きているからだ。

ポケマルで育まれてきた生産者と消費者のつながりは、今回の災害でもいかんなく力を発揮しはじめている。

栃木県矢板市で原木椎茸を生産している君嶋治樹さんは、今回の台風で壊滅的な被害を受けた。近所の川が氾濫し、仕込んだ原木1万本以上が流出し、車も押し流され、自宅や椎茸関連設備、圃場《ほじょう》も浸水して大きな被害を受けた。君嶋さんは、沈痛な面持ちで被災した現状と当面の間復旧作業のために休業せざるを得ないことを、ポケマル内で自分のコミュニティに報告した。すると、日頃から君嶋さんの椎茸を購入しているユーザーから励ましの声が相次いだ。

「何かお手伝いできることがあったらお声がけください。ずっと応援します」

「自然災害とはいえ、ひどすぎます。悲しすぎます。家族のみなさんはお怪我などなく無事でしたか？　いつまでも待っていますからね」

「君嶋さんの椎茸にいつも助けてもらってます！　忙しいときで、情けないなーと落ち込んでいても、椎茸さんでお味噌汁つくると、あ、ちゃんとお母さんできてるかなって少し自信をもらえます！　元気になってほしいです！」

「言葉になりません。君嶋さんご家族の気持ちを考えると、悲しいです。少しでも何かお力になれることはありませんか？」

「お身体に怪我などございませんか？　奥様、お子様も怪我などありませんか？軍手いるよ～とか教えてください。少しでも君嶋さんの力になれたら嬉しいのです」

「このような被災されているとは。言葉が見つかりませんが栃木から元気ビームもらってました。今度はお返しする番です。何かできることがあればさせてください。君嶋さんの椎茸復活、待ってます。しばらく大変なことかと思いますが、お身体も無理されないでくださいね」

「被害の大きさに心痛めています。みなさんおっしゃっている通り、何かお力になれればと思ってます。台風15号の際は千葉県八街市の生産者さんが【支援】というカタチで購入額選択方式の出品をされていました。1日も早く心やすらかな日々が取り戻せることを祈っております」

「投稿を読んで言葉をしばらく失っておりました。君嶋さんの椎茸を通してできたつながり……これからもいろいろな形で応援したりされたり。少し落ち着かれましたらどうぞお知らせください。昨夜、冷凍庫の椎茸をシジミ汁にいれてパワーもらったばかりです。どうぞご自身とご家族のお身体と安全第一に。親族一同心から応援しております」

「君嶋さん、言葉も見つからず。復旧に大変な日々でしょうが、どうぞご安全に。また寒くなり始めてます。お身体気をつけてくださいね。お子様達、とても心配です。微力ですが、みなさんと同様お力になりたいと思います」

もはやお客さんの域を完全に超えている。君嶋さんに降りかかった災難を心配し、その悲しみに寄り添おうとしている。まるで親戚とかご近所さんのよう。でも、彼ら彼女らの間に地縁血縁はない。

そして、生産者と消費者だけでなく、ポケマル内では生産者同士の連帯も始まっている。同じ自然を相手にする農家として、明日は我が身。痛いほど気持ちがわかるのだろう。

被災後2日目、頼まれてもないのに君嶋さんのところに飛んでいき、1日中、ヘドロの除去の手伝いをする野菜農家がいたり、これを食べて少しでも元気になってほしいと豚肉を送ってきた養豚家がいたり。

さらに、台風15号で被害を受けた千葉県旭市の農家、平野兼悟さんは自らのコミュニティでお客さんに次のように呼びかけた。

「台風19号。テレビで見た情報しかわかりませんが、すごい被害です。第一次産業も大きな被害を受けました。今年は出荷できないくらい大きな被害を受けたかもしれません。(中略)私の個人的なお願いですが、ポケマルさんの中でいいので、被災された方々の商品やコミュニティを見て応援していただけるとうれしいです。辛い中で生産者さんたちはがんばってます。少しでも応援してくれればそれだけで復興の力になると思います。ポケマルさんは生産者さんと消費者さんがつながれます。私も前回の台風で、お客様の声で元気づけられました。みなさまの声で第一次産業に力を与えてもらえれば幸いです。生意気なことを言って申し訳ありませんが、私は日本の一次産業をリスペクトしています。日本の経済に微々たるものでも、第一次産業の力になれればと思い、投稿させていただきました」

自分が育てた食べ物をいつも食べてくれている人からの激励の声。これがどれほど生産者の力になることか。ポキッと折れそうな心をどれほど支えてくれることか。生産者の立場になって考えてみれば想像できるだろう。自然災害では、怒りや悲しみのぶつけ場所がないのだから、なおさら響く。

僕はここに、共感資本社会の萌芽を見た。

異質な世界をそれぞれ生きている生産者と消費者が〝共感〟でつながる、同質な世界を生きる生産者と生産者が〝共感〟でつながる。

そうしたつながりを網の目のように日本中に張り巡らせることで、自然災害へのリカバリーの力を養う。これこそ、自然災害が当たり前になった時代に、僕たちができる「備え」ではないだろうか。

そもそものリカバリー力は、僕たち日本人が自然と向き合っている時代は当たり前のように持っていたことではなかったか。自然にはひとりでは立ち向かえない。みんなで力を合わせるしかなかった。

しかし、自然から離れて都市に暮らすようになり、そうした相互扶助も薄れてしまい、失ってしまった。だが今度は、自然のほうが気候変動という形で僕たちに接近してきた。

この危機を、人間と人間のつながりを回復するチャンスに変えたい。

共感には、その力があると信じている。

［著者］

新井和宏（あらい・かずひろ）

株式会社eumo 代表取締役／鎌倉投信株式会社 ファウンダー
1968年生まれ。東京理科大学卒。1992年住友信託銀行（現・三井住友信託銀行）入社、2000年バークレイズ・グローバル・インベスターズ（現・ブラックロック・ジャパン）入社。公的年金などを中心に、多岐にわたる運用業務に従事。2007～2008年、大病とリーマン・ショックをきっかけに、それまで信奉してきた金融工学、数式に則った投資、金融市場のあり方に疑問を持つようになる。

2008年11月、鎌倉投信株式会社を創業。2010年3月より運用を開始した投資信託「結い2101」の運用責任者として活躍（個人投資家約1万9000人、純資産総額約360億円〔2018年5月時点〕）。

2018年9月13日、共感資本社会の実現を目指して株式会社eumo（ユーモ）を設立。2019年9月から、共感コミュニティ電子地域通貨eumo（ユーモ）の実証実験をスタート。貯められない、現地に行かないと使えない、など、ユニークな仕組みで共感が循環する社会の実現を目指している。

著書に、『投資は「きれいごと」で成功する』（ダイヤモンド社）、『持続可能な資本主義』（ディスカヴァー・トゥエンティワン）、『幸せな人は「お金」と「働く」を知っている』（イースト・プレス）がある。

高橋博之（たかはし・ひろゆき）

株式会社ポケットマルシェ 代表取締役CEO／一般社団法人 日本食べる通信リーグ 代表理事／NPO法人 東北開墾 代表理事／『東北食べる通信』創刊編集長
1974年、岩手県花巻市生まれ。青山学院大学卒。岩手県議会議員を2期務め、2011年9月巨大防潮堤建設へ異を唱えて岩手県知事選に出馬するも次点で落選し、政界引退。

2013年、NPO法人東北開墾を立ち上げ、世界初の食べ物付き情報誌『東北食べる通信』を創刊し、編集長に就任。翌年、グッドデザイン大賞候補に選出され、決選投票の結果2位に（グッドデザイン金賞受賞）。2014年、一般社団法人「日本食べる通信リーグ」を創設し、同モデルを日本全国、台湾の50地域へ展開。第1回日本サービス大賞地方創生大臣賞受賞。

2016年、生産者と消費者を直接つなぐスマホアプリ「ポケットマルシェ」を開始。翌年、日本最高峰ピッチコンテスト「新経済サミット」で優勝。

2018年、47都道府県を車座行脚する「平成の百姓一揆」を敢行。「関係人口」提唱者として、都市と地方がともに生きる社会を目指す。

2019年2月14日（木）「カンブリア宮殿」（テレビ東京系列）に出演。

著書に、『だから、ぼくは農家をスターにする』（CCCメディアハウス）、『都市と地方をかきまぜる』（光文社新書）が、共著に『人口減少社会の未来学』（内田樹編、文藝春秋）がある。

本書を読まれた方と共感資本社会について語り合う車座座談会を定期的に開催するので、お気軽にご参加ください。開催日程については、Twitterをご覧ください。
高橋博之Twitter：@hirobou0731

共感資本社会を生きる
——共感が「お金」になる時代の新しい生き方

2019年11月13日　第1刷発行

著　者——新井和宏、高橋博之
発行所——ダイヤモンド社
〒150-8409　東京都渋谷区神宮前6-12-17
http://www.diamond.co.jp/
電話／03･5778･7232（編集）　03･5778･7240（販売）
装丁————松昭教(bookwall)
本文レイアウト—布施育哉
校正————鷗来堂
製作進行——ダイヤモンド・グラフィック社
印刷————勇進印刷(本文)・加藤文明社(カバー)
製本————ブックアート
編集担当——廣畑達也

ISBN 978-4-478-10933-5